통일 교육 어떻게 할까?

통일 교육 어떻게 할까?

김현희·박희나·양미정·이경아·장세영·함규진 지음

철수와영희

머리말

'우리의 소원'을 다시 한 번 소원하면서

식민지 시절, 천재 시인 이상은 '박제가 되어 버린 천재'를 아느냐고
물었다. 그런데 오늘날, 21세기의 대한민국에는 '박제가 되어 버린 소
원'이 있다. 바로 통일이다. '우리의 소원은 통일'이라는 노래는 1947
년에 작곡되었고, 아마 이 나라에서 애국가 다음으로 많이 불린 노래
일 것이다. 그러나 지금, 그 소원은 박제가 되어 있다. 이루어진 것도
아니고, 그렇다고 포기된 것도 아니다. 여전히 소원은 소원이지만, 잊
혀지거나 외면당하고 있는 것이다.

다수의 국민은 통일이 자신과는 별 상관이 없는 공허한 이야기라고
생각하거나, '내가 사는 동안에는 이루어지지 않기를' 바라고 있다.
내일을 짊어질 청소년들에게 이런 경향은 더 심하다.

어쩌다 이렇게 되었는가? 화해할 듯하다가도 번번이 무력 도발을
감행하는 북한의 태도에도 분명 문제가 있을 것이다. 그러나 그런 북
한을 끈기 있게 달래고 포용하기보다는 관계 단절과 적대시로만 맞
받고, 정권의 성향에 따라 냉온탕을 오가는 우리 정부의 태도 역시 통
일의 꿈에 빛을 바래게 만든다. 또한 민주화가 된 지 오래임에도 여전

히 통일 운동과 통일 교육의 대부분을 손 안에 틀어쥐고, 입맛대로의 통일 논의를 강제하는 우리 정부의 태도도 문제다. 그러한 두 가지 성향, 변덕스러움과 논의의 독점이야말로 통일 이전 서독 정부가 취했던 태도와는 정확히 정반대인 것이다. 서독은 국내외의 숱한 반대와 시련에도 불구하고 동독을 끝끝내 포용했으며, 통일 논의를 독점하지 않고 각 지자체와 민간단체가 열린 자세로 다양하게 통일에 접근할 수 있도록 했다.

실질적으로 통일은 여전히 우리의 소원이어야 한다. 굳이 민족사의 복원을 따지지 않아도 통일로써 바로 눈앞에 암덩어리처럼 실재하고 있는 거대한 긴장, 갈등, 군사 및 비군사적 안보 위협을 씻어 버릴 수 있다. 대한민국의 발전 가능성을 얽어매고 있는 사슬을 끊고, 더 밝고 희망찬 나라를 만들어 갈 수 있다. 오랜 분단 체제의 동학에 따라 휘어지고 묻힌 정상적 사회의 요소들을 되돌리고, 그야말로 '비정상의 정상화'를 이룩할 수 있다.

따라서 정부가 고집불통이면 민간에서라도 실질적인 통일 운동과 통일 교육을 활성화하려 노력해야 한다. 그 가능성과 걸림돌을 따져 보기 위해, 2015년 초에 연구자인 필자(서문)와 사회 통일 교육 종사자, 그리고 통일에 관심이 많은 초등학교 선생님들이 모였다. 왜 하필 초등학교인가 하면 아직 통일과 남북 문제에 대해 선입견이 고착되지 않아 어떤 교육을 받느냐에 따라 큰 차이를 보일 수 있는 연령대가 초등학생들이기 때문이다. 또한, 앞으로 싫든 좋든 다가오게 될 한반도 정세의 변화를 온몸으로 감당하게 될 세대가 지금의 초등학생들이라고 보기 때문이다.

우리는 앞서 서울교육대학교의 통일 교육 석사 과정이라는 무대에서 인연을 맺었고, 지금은 '통일미래교육학회'라는 모임을 만들어 만나고 있다. '통일 교육을 어떻게 해야 좋은지 막막한 선생님들이 많다. 그런 분들을 위해 일종의 가이드북처럼 읽을 수 있는 책을 기획해 보면 어떨까?' 하는 것이 애초의 우리 생각이었다. 그러나 생각을 거듭하다 보니 우리가 감히 통일 문제와 통일 교육의 전부를 알고 있는 양 오만을 부릴 수 없음을 깨달았다. 그런 접근이 자칫 우리가 염려하고 있는 정부 주도적, 주입식 통일 교육 방식과 비슷한 게 아닌가 하는 걱정도 들었다. 그래서 통일부에서 만든 〈통일 교육 지침서〉를 주제로 초등 통일 교육에 대해 '발제 및 대담'이라는 형태로 책을 만들기로 했다. 우리는 〈통일 교육 지침서〉에 담긴 통일 교육의 여섯 가지 주안점을 중심으로 때로는 논쟁을, 때로는 잡담을 하며 편한 자세로 각자의 지식과 입장을 나누었다. 이를 통해 현재 학교 통일 교육의 문제점을 알고 그 해결책에 대한 실마리를 얻을 수 있기를, 우리는 한마음으로 바라고 있다.

이런 저런 이유로 이 책의 편집과 출간이 미뤄지는 사이에, 한반도의 상황은 상당히 바뀌었다. 불행히도 좋지 않은 쪽으로. 2015년까지만 해도 '통일 대박'을 외치던 정부는 북한의 새로운 핵실험을 계기로 믿을 수 없을 정도로 강경한 대북 정책으로 급선회했다. 갖은 우여곡절에도 16년 동안 유지되며 남북 협력과 화합의 상징이었던 개성공단의 문을 닫게 만들고, 외교부 장관이 UN에 가서 '북한을 UN에서 축출해야 한다.'라고 외치는 현실이다. 남북 관계가 1990년대 이전으로 되돌아가 버린 것이다.

이것이 길고 어두운 겨울로 가는 길목의 추위가 아니기를, 이미 가까이 다가와 있는 봄을 시샘하는 꽃샘추위이기를 바라 본다. 그러한 바람이, 이미 박제가 되어 버린 소원을 다시 한 번 소원하는 것이, 지옥 한가운데에 빠져 허우적대면서도 한 가닥 구원의 거미줄을 이끌어 올 수 있는 자세가 아닐까. 그리고 그런 소원의 소원이 겹치고 얽혀진다면, 언젠가는 지옥 자체를 빛나는 세계로 이끌어 올릴 만한 든든한 밧줄이 되지 않겠는가.

1987년 민주화를 이뤄냈을 때도, 1989년 베를린 장벽이 무너질 때도, 원동력은 수많은 사람들의 희망과 열정이 아니었던가? 지금 다시 모이는 희망과 열정. 그것이 남북관계 정상화와 통일을 포함한 국가 정책의 대변혁을 가져올 수도 있지 않을까? 그런 생각을 도닥이면서, 산만한 녹취 원고를 정리하고 많은 보완을 해 준 성균관대학교 사회과학연구원 문인철 박사님과 출간이 이루어지기까지 무던히 애써 주신 철수와영희 출판사에 대한 감사와 더불어, 기도하는 마음으로 이 글을 쓴다.

2016년 12월
필자들을 대표하여,
함규진 씀.

차례

1장

아직도
'우리의 소원은 통일'일까?

아직도
'우리의 소원은 통일'일까?

박희나(전) 통일교육원 통일 교육 강사

안녕하세요? 통일교육원에서 통일 강사로 활동했던 박희나입니다. 저희 할아버지께서 '우리 세대는 해방을 이루었다. 너희 세대는 통일을 이루어야 하지 않겠니?'라는 말씀을 하셨는데요. 그 말씀이 계속 마음에 남아 통일에 꾸준히 관심을 가지게 되었습니다. 이 대담에서 제가 첫 발제를 맡았는데요. 제가 발제할 주제는 '통일 문제에 대한 관심 제고 및 통일 의지 확립'입니다.

〈통일 교육 지침서〉[1]에서는 통일 교육에 여섯 가지 주안점이 있다고 이야기하는데, 그 중 첫 번째 주안점은 통일 문제에 대한 관심 제

---

1 통일 교육의 국가적 지침을 마련하기 위해 매년 발행하고 있는 지침서. 1971년 '통일 교육 교수 지침서'라는 이름으로 처음 나왔으며 현재처럼 통일부에서 제작·발행하기 시작한 때는 1995년부터다. 학교용과 일반용으로 매년 발행되며 통일교육원 홈페이지에서 다운로드받을 수 있다.

고 및 통일 의지 확립입니다. 보통 선생님들께서 "도대체 초등학생들에게 어떻게 통일 문제에 대해서 관심을 갖게 하고, 통일 의지를 확립시킬 것인가?"라고 질문하는 문제입니다. 이에 대해 〈통일 교육 지침서〉는 세 가지 단계로 설명을 하고 있습니다.

〈통일 교육 지침서〉에서는 먼저 분단의 장기화로 인해서 우리가 어떤 폐해와 고통을 겪고 있는지를 환기시킨 다음에, 통일이 되면 국가 및 개인 차원으로 얻을 수 있는 다양한 이득과 혜택을 제시하고 있습니다. 즉, 통일이 매우 좋은 것이라는 점을 알게 만들면 학생들이 통일의 필요성을 실제적으로 이해할 수 있을 거라고 설명합니다. 그리고 기본 바탕으로는 무력 통일이나 흡수 통일이 아니라 평화적인 방법과 민주적인 절차를 통해 사명감을 가지고 통일 의지를 확립하는 것이 중요하다고 제시합니다.

교육 현장에서 이것을 어떻게 구체적으로 지도할 것인가에 대해서 〈통일 교육 지침서〉에서는 교과 과정, 창의적 체험 활동, 그리고 사이버 통일 교육 등 세 가지를 안내하고 있습니다. 교과 과정에 대해서는 초·중·고등학교별로 세분화 하고 있는데, 특히 초등학교 과정에서는 도덕과 사회 수업에서 어떻게 통일 문제에 대해서 관심을 갖게 하고 통일 의지를 확립시킬 것인가에 대해 자세하게 안내하고 있습니다. 사실 통일 교육의 주안점이 여섯 가지라고 하지만 초등학교 교과 과정에서는 이 주제가 거의 핵심이라고 볼 수 있습니다.

〈통일 교육 지침서〉는 통일 교육을 할 때, '초등학교에서는 정서적으로 접근하라.'라고 제시하고 있습니다. 실제로 통일교육원의 통일 교육 강사들이 현장에 나가서 교육할 때 초등학교 저학년들의 교육 목표는 "통일에 관심을 가질 수 있어요. 통일이 좋은 거라고 인식할 수 있어요." 정도이고, 고학년 같은 경우에는 "통일 편익에 대해 세 가지 이상 말할 수 있어요. 통일이 무엇인지 말할 수 있어요."가 됩니다. 즉 '통일에 대한 관심' 제고가 초등학생 통일 교육의 목표이고, 초등학생들이 통일에 관심을 갖게 만드는 것이 최대 과제입니다.

그런데 통일교육원의 통일 교육 강사들이 현장에 다녀온 다음 느끼는 문제점은 초등학생들이 통일에 관해 아예 관심이 없다는 것입니다. 통일에 대해 부정적인 인식이 있으면 그것을 불식시켜 줄 수 있겠는데, 부정적 또는 긍정적 인식은 고사하고 통일 교육을 받을 때에야 비로소 통일이라는 단어를 들어 보는 학생들이 있다는 것이죠. 학교 현장에서는 매년 5월 마지막 주를 통일 교육 계기 주간으로 지내며 통일 교육을 하도록 권고받습니다. 그래서 통일교육원 통일 교육 강사들이 생각하기에는 '5월 마지막 주만이라도 전국의 모든 학교와 선생님들, 학생들이 통일에 대해서 관심을 갖겠구나.'라고 생각합니다. 하지만 교육 현장에서 선생님들을 만나 보면 '교과 교육할 시간 내기도 힘든데, 통일 교육에는 더더욱 시간을 내기가 어렵습니다.'라고 말씀하세요. 많은 선생님들이 통일은 1년 동안 다뤄야 하는 '39개의 교육 주제' 가운데 하나에 불과하고, 통일 교육을 위해 별도의 시간을 내기는 어렵다고 생각하고 있습니다. 학교 현장에서 선생님들의 체감이 이러하니 아이들이 통일에 대해 제대로 인식하지 못하는 것은 당연할지도 모르겠습니다.

그래서 저는 학교에 계신 선생님들에게 몇 가지 제안을 드릴까 합니다. 그 첫 번째는, 통일 문제에 대해서 소프트웨어뿐만 아니라 하드웨어적인 관심을 보인다면, 학생들의 통일 관심 제고나 의지 확립에 큰 도움이 될 것이라는 것입니다. 전국의 초·중·고등학교를 가 보면 플래카드라든지 게시판, 교과 교실 배치도만 봐도 그 학교가 어느 교육을 중시하는지 알 수 있습니다. 통일에 대해서도 이런 하드웨어적 공간 활용이 필요합니다. 예를 들면 진로 교과 교실처럼 통일 교과 교실을 만들 수도 있겠고, 통일 게시판, 통일 동아리실 같은 것도 생각해 볼 수 있습니다. 또 이러한 물리적 공간을 만드는 것이 어렵다면 학교 홈페이지에 통일과 관련된 공간을 만들 수도 있을 것입니다. 통일 교육이 단순히 39개 교육 주제 중 하나가 아니라 역사적으로 우리 시대에 정말 중요한 교육이기에, 하드웨어적 공간을 확보하지 못한다면 아이들에게 통일에 대한 중요성이라든가, 통일에 대한 관심을 높이는 것이 어려울 것이기 때문입니다. 특히 학교 행정을 총괄하시는 교장·교감 선생님들부터 통일 교육의 하드웨어에 관심을 가져 주시면 아이들의 흥미가 높아질 것이라고 생각합니다.

두 번째로 말씀드리고 싶은 것은 지속적인 동기 부여입니다. 통일 강사들이 와서 학생들에게 "너희가 통일 시대의 주인공이다."라고 말하면 대부분 듣기 좋아합니다. 많은 분들이 알고 있는 사이버 외교 사절단 '반크'의 예를 보면 초등학생들이 반크 활동으로 CNN 인터뷰도 하고 대통령 표창까지 받았습니다. 이 초등학생들이 한 활동은 세계 지도에 동해가 'Japan Sea'라고 적혀 있는 것이 잘못됐다고 외국 사람들한테 알린 것입니다. 아이들에게 동기를 부여한 것은 여러 이유가 있겠지만, '사이버 외교관 누구' 라는 임명이 큰 동기 부여가 되었을 거라고 생각합니다. 임명장 한 장만으로 "아! 나는 대한민국을 세계에 알리고, 독도 문제를 해결하는 데 이바지하며, 한국의 브랜드 가치를 높일 수 있다." 라는 사명감과 자부심이 굉장히 컸을 것입니다. 뱅크 활동 중인 어떤 초등학생은 외국인들에게 독도 문제를 제대로 알리고 싶어 영어 공부를 자진해서 시작했다고 해요. 뱅크의 사례는 아이들에게 기회가 제공되면 실제로 역사적인 일을 감당하고 싶어 한다는 것을 보여 줍니다. 선생님들이 지속적으로 학생들에게 동기 부여를 한다면 학생들의 통일에 대한 관심 제고, 의지 확립에 큰 영향을 줄 것이라고 생각합니다.

마지막으로는 아이들과 통일 편익에 대해서 생각할 수 있는 연구 대회나 수업을 제안하고 싶습니다. 지금 정부에서 제시하는 통일 교육은 경제적인 편익을 많이 강조하고 있습니다. "남한의 기술 자본과 북한의 노동력 및 자원을 활용하고 지정학적인 위치를 회복하면, 국가 경쟁력이 향상되는 것은 물론이며, 기차 타고 유럽 여행을 갈 수도 있고, 무엇보다도 전쟁의 공포가 사라지고 평화를 누릴 수 있다." 이런 식입니다. 물론 이것도 중요하지만 이렇게 일방적으로 어떤 이익이 있다고 하기보다는, 통일 한국이 어떤 나라가 되길 바라는지, 통일이 되면 어떤 편익이 있는지 학생들이 스스로 생각해 볼 수 있게 만들었으면 좋겠습니다.

2012년에 '통일 항아리' 라는 캠페인이 있었습니다. 저는 그것에 대해서 교육적 효과가 있을 것 같다는 생각 반, 없을 것 같다는 생각 반이었습니다. 통일 모금 항아리를 보여 주면서 "미리 준비하면 통일이란 게 힘들지 않다."라는 메시지를 전달하는 것은 좋았습니다. 하지만 아이들이 미처 생각해 보지 않았던 통일세, 통일 비용을 항아리에 돈을 모으는 모습으로 구체화 하면, 학생들에게 "통일은 진짜 돈이 많이 드는 건가 보다."라는 부정적 인식을 심어 줄 수도 있다고 생각했습니다. 다시 말하자면, 통일 항아리에 돈만 채운 것이 아쉬웠습니다. 마음도 채울 수 있고, 생각도 채울 수 있고, 꿈도 채울 수 있지 않겠어요?

루소는 『에밀』에서 한 사람이 사람답게 크기 위해서는 경제적인 것뿐만 아니라 공감의 정서, 연민의 정서가 필요하다고 말했습니다. 애덤 스미스 역시 『도덕감정론』에서 도덕이나 정서적인 문제가 합리적인 것에 앞선다고 주장했습니다. 이들의 주장처럼 저는 초등학교 학생들에게 통일 문제를 이야기할 때 경제적 합리성 이전에 감성적으로 접근하는 것이 필요하다고 생각합니다. 그리고 이것을 바탕으로 정부에서 강조하는 경제적 편익만이 아니라 다양한 편익에 대해서도 생각해 보면 좋겠다고 생각합니다. 이렇게 학생들과 함께 통일 편익을 생각해 보면 밑에서부터 내용을 채워 나가는 통일 교육이 될 수 있을 것입니다.

어떻게 통일에 대한 관심을 높일 것인가?

함규진 통일 편익을 이야기할 때 보통 '우리나라가 강대국이 된다. 시베리아까지 철도가 연결된다.'라고 이야기합니다. 하지만 어린 학생들은 이런 주장에 대해 별 감흥을 느끼지 못하는 것이 현실입니다. 강대국이라는 게 어떤 의미인지도 잘 모르고, 또 자기 생활과는 별 상관이 없는 이야기라고 생각하거든요. 시베리아 철도가 뚫리면 모스크바까지 기차를 타고 갈 수 있다고 얘기해 줘도, '지금도 가잖아요. 비행기 타면.' 이러는 것입니다.

그래서 이런 접근 방법은 어떨까라고 생각해 본 것이 있습니다. 아주 단순하게, '통일이 되면 그만큼 일자리가 많아진다.'라는 이야기를 하는 거죠. 지금 우리나라 아이들의 일상이 다람쥐 쳇바퀴 돌듯이 학교와 학원을 왔다 갔다 하는 것이 다예요. 그런데 이게 결국은 땅은 좁고 사람은 많은데, 좋은 일자리는 별로 없기 때문이죠. 그러다 보니 어릴 때부터 경쟁을 하게 되고, 스펙을 쌓는다고 다들 난리가 아닙니다. 하지만 통일이 되면 국토가 넓어질 뿐만 아니라 할 수 있는 일, 해야 할 일도 굉장히 많아집니다. 평양에 가서 힙합 공연하기, 함경도에 가서 고구려 유적 발굴하기, 백두산에 가서 식물 조사하기 등등 말이죠. 어쨌든 이렇게 일자리가 많아진다면 지금처럼 이렇게 힘들게 살지 않아도 된다고, 미래에 대해 많은 꿈을 꿔 볼 수 있고 기회가 늘어난다고 이야기하는 것이 요즘 학생들에게 좀 더 설득력이 있을 것 같습니다. 즉 통일이 새로운 가능성과 다양한 꿈을 꿀 수 있는 기회를

지혜의 샘터

통일 비용과 분단 비용에 대하여 알아보고, 우리가 통일을 이루어야 하는 까닭을 다시 한 번 생각해 봅시다.

통일 비용 이야기

통일 비용
통일로 인하여 부담해야 하는 비용입니다.

분단 비용
남한과 북한이 나뉘어 있는 관계로 아깝게 소모되고 있는 비용입니다.

통일 편익
통일로 인해 얻게 되는 이익입니다.

오랜만에 온 가족이 모인 저녁 시간입니다. 때마침 텔레비전에서는 우리나라가 겪는 전쟁의 위험에 대한 뉴스가 나오고 있었습니다.

"빨리 통일이 되어야 저런 걱정이 없어질 텐데……."

아버지께서는 걱정스런 표정으로 말씀하셨습니다. 한결이는 오늘 학교에서 있었던 통일에 관한 친구들의 발표와 반응이 떠올랐습니다. 통일에 대하여 어떻게 생각하느냐는 선생님의 질문에 여러 친구들이 탐탁지 않게 여기고 있었습니다.

"굳이 통일을 해야 할까요? 저는 지금도 좋은걸요."

"우리나라가 통일이 되면 엄청난 통일 비용이 들 거래요."

한결이는 친구들이 말한 통일을 달가워하지 않는 이유들을 떠올렸습니다. 통일이 되면 나라가 혼란스러워지고, 우리가 모든 비용을 부담해야 된다는 것이 친구들의 생각이었습니다. 한결이도 그 생각이 옳다고 여기던 터라 아버지께 조심스럽게 말씀드렸습니다.

"저는 통일 비용이 드는 것보다는 지금 상태가 나을 것 같아요."

"흠, 그래? 그런데 한결아, 우리나라는 서로가 대치하는 상황에서 드는 분단 비용이 막대해. 이는 북한도 마찬가지야."

옆에 듣고 계시던 어머니께서 고개를 끄덕이며 말씀하셨습니다.

"통일 비용은 언젠가는 줄어들게 되고, 우리에게 돌아올 거야. 또, 북한에는 활용할 수 있는 다양한 관광 자원이나 광물 자원도 있어. 하지만 분단 비용은 우리에게 돌아오는 게 없잖니?"

아버지와 어머니의 말씀을 듣고 있던 한결이는 마음이 복잡해졌습니다. 통일이 되면 분명 좋은 점이 많을 것 같지만, 여전히 마음속에는 여러 가지 문제가 있을 것이라는 불안한 생각이 들었기 때문입니다.

계속해서 아버지께서 말씀하셨습니다.

"다들 통일 비용이 엄청날 것이라고 하지? 하지만 무기를 사기 위한 것이 아니라 경제를 발전시키거나 남과 북의 통합을 위해서 쓰는 돈이잖아."

어머니께서도 말씀하셨습니다.

"그렇네요. 사회에 필요한 시설을 짓고, 공장을 세우는 것은 투자이지 낭비가 아니죠."

한결이는 그동안 자신이 통일 비용만을 생각한 채 실제로 우리가 지출하고 있는 분단 비용이 얼마나 많고 아까운 것인지에 대해서 생각하지 못했다는 것을 깨달았습니다. 통일 비용은 결국 우리의 좀 더 나은 삶을 위해 사용되는 비용이라는 생각을 하게 되었습니다.

"아버지, 어머니의 말씀을 듣다 보니 제가 오해한 부분이 있었던 것 같아요. 저는 통일 비용만 생각했지 분단 비용을 생각하지 못했어요. 친구들에게도 이 이야기를 해 주어야겠어요."

"우리 한결이가 참 든든하구나!"

한결이는 어머니의 말씀에 마음이 뿌듯해졌습니다. 더 쓸모 있게 사용되는 통일 비용은 아까운 것이 아니라는 생각이 들었습니다.

94 도덕 6

4. 평화 통일을 향한 발걸음 95

초등학교 도덕 5-6학년군 교과서의 '통일 비용과 통일 편익' 내용.(94쪽, 95쪽)

줄 수 있다는 것을 강조하면, 통일 문제에 대해 아이들이 좀 더 쉽게 다가가고 받아들이지 않을까 하는 생각이 듭니다.

이경아 제가 실제로 이와 관련된 수업을 6학년에서 해 봤는데요. 요즘 6학년 아이들에게 학교 물건을 왜 아껴야 되는지를 물어 보면, 그 돈이 엄마·아빠가 낸 세금에서 나온 것이기 때문이라고 대답할 정도로 경제관념이 예전 세대와 많이 달라요. 통일을 이야기했을 때도 우리 반 아이들 중 반 이상이 반대했던 이유가 세금 문제, 다시 말해 통일 비용 때문이었어요. 그래서인지 아이들에게 남한의 물자와 자본, 북한의 지하자원과 노동력 같은 추상적인 이야기보다는 현실적인 얘기를 할 때 더 큰 반응을 보이더라고요. 통일 편익 중에서 아이들이 제일 많이 이야기했던 것이 기차를 통한 유럽 여행이었습니다. 그래서 "통일이 되면 기차를 타고 유럽만 가는 것이 아니라 중국으로 바로 연결돼 무역에도 큰 도움이 있다."라고 이야기했더니 오히려 쉽게 이해를 하더라고요. 때문에 저는 학생들 수준에서 통일 편익을 생각하도록 하자고 한 박희나 선생님의 말씀에 공감을 합니다. 통일을 주제로 글을 쓰거나 교육 정책을 만들 때 어른 수준에서 통일 편익을 제시할 것이 아니라 아이들 수준에서 통일에 관한 교재를 만들고, 그런 방향으로 가르쳤으면 좋겠다는 생각이 듭니다. 지금 6학년 교과서를 보면 두 쪽에 걸쳐 통일 비용·분단 비용·통일 편익에 관한 내용이 나오는데, 제가 작년에 6학년을 가르쳐 본 결과 6학년 아이들에게는 그냥 경제적으로 좋다고 막연히 제시하는 것보다는 구체적이고 실제적인 경제적 이익도 있다고 가르쳐 주는 것도 좋은 방법이라고 생각을 했습니다.

장세영 박희나 선생님이 학교 현장에 강사로 나가면서 느꼈던 부분은 정말 맞는 말씀이라고 생각합니다. 솔직히 학교에서 통일 교육에 대해서 갖는 관심은 '39분의 1의 관심'이지요. 가르치라고 주어지는 주제가 워낙 많아요. 교사 입장에서는 할 수 없이 주제당 쏟는 관심과 열의가 적어지고, 교육의 질이 하락하는 경우가 생길 수도 있어요.

박희나 통일 교육에 대한 국회 세미나를 간 적이 있는데, 이런 이야기가 나오더라고요. "학생들에게 통일 교육을 시키려고 애를 써 봤자 소용이 없다. 교장 선생님들에게 통일 교육을 한 다음, 그분들이 통일 교육의 중요성을 인식하고 교사들에게 통일 교육의 필요성을 전달하게 해야 한다. 그래야 학교 현장에서 통일 교육이 시행될 가능성이 높다."라고요. 또 일각에서는 학교 평가에 통일 교육을 어떻게 하는가를 넣어야 된다고 말을 하는데, 일방적인 통일 교육이 예전의 반공 교육이나 안보 교육처럼 폐단을 불러일으킬지 모른다고 염려하시는 분들도 있습니다.

이경아 통일 교육이 학교 평가에 들어간다고 해도 실효성은 없을 것 같아요. 장세영 선생님도 말씀하셨지만 지금 초등학교 교육 과정에는 환경, 인성, 통일·안보, 학교 폭력, 안전, 성교육 등 창의적 체험 활동 시간에 의무적으로 넣어야 할 것들이 이미 너무 많거든요. 일주일에 1~2시간 배정된 창의적 체험 활동 시간에 현장 체험 학습, 운동회 같은 학교 행사, 과학 탐구 대회, 나라 사랑 대회, 에너지 절약 대회 등 셀 수 없이 많은 대회를 치르다 보면 다른 교과 시간까지 침범하게 돼요. 교과서 내용을 가르칠 시간도 없는데, 통일 교육에 집중할 시간이 어디 있겠어요.

장세영 '39분의 1의 관심'이라고 하면 통일 교육을 하는 입장에서는 섭섭한 이야기지만, 학교 현장에서는 그 39가지가 다 중요하잖아요. 일반적으로 교과 외에 인권 교육이라든지 정보 통신 교육, 독도 교육 등은 창의적 체험 활동 시간을 활용하거나 교과 내용과 연계해서 교육하는데, 보통 주제별로 많으면 17차시, 적어도 10차시까지는 배정을 하라고 지침이 내려와요. 예를 들어 국어의 어떤 차시에 인권과 관련된 요소가 있다면, 그때 인권 수업 요소를 뽑아서 교과 내용과 함께 가르쳐야 해요. 물론 재구성하기 나름이지만 때로는 상당히 무리가 될 수 있어요. 그런데 이번에 안전 교육을 51차시를 넣으래요. 세월호 사건을 생각하면 안전 교육이 중요하지만 현장에 대한 배려 없이 51차시 수업을 하라고 하는 건 생색내기밖에 안 되는 거잖아요. 교사 입장에서 보면 안전 교육을 51차시 하라고 하는 것과 통일 교육을 하라고 하는 것은 별반 다를 게 없어요. 그래서 저는 수업 시수 확보의 현실적 어려움을 고려한다면, 어쩌면 지금 시점에서는 하드웨어적인 부분에서 접근하는 것이 통일 의식을 실질적으로 제고하는 데 좀 더 필요하지 않은가라는 생각이 들었어요. 학교 홈페이지에 통일 교육 자료실 같은 것을 한 칸이라도 만들어 놓고 거기서 조금이라도 자료를 올리는 단계가 현 시점에서 가장 필요한 것 같아요.

김현희 저는 장세영 선생님 말씀에 공감하는 부분도 있고, 또 조금 다르게 생각하는 부분도 있어요. 위로부터의 어떤 지침이나 기준들이 필요할 때도 있거든요. 예를 들면 통일교육원에서 온 공문을 보고 개인적으로 통일 교육 현장 학습을 신청해 보고 싶은 마음이 들 수 있잖아요. 그런데 이게 의무 사항이 아니라 선택 사항이에요. 그러면 같은 학년 선생님이나 학교 분위기에 눈치를 보지 않을 수가 없어요. 신청은 개인적으로 할 수 있지만, 신청을 하게 되면 학교 전체 일이 되거든요. 모두 다 그런 것은 아니지만 학교 현장에 의무적으로 해야 할 업무가 많다 보니 어떤 선생님들은 속으로 "괜히 신청해서 일을 만들어."라고 생각할 거예요. 또 자기 반만 따로 소규모로 신청했다고 해도 다른 반과 비교되면, 의도치 않게 혼자 열심히 하는 교사가 돼서 다른 선생님들에게 피해를 주는 꼴이 되기도 하죠. 본의 아니게 그렇게 되는 경우가 간혹 있잖아요. 그러니 교사에게 자율권을 준다 해도 늘 눈치를 볼 수밖에 없는 상황인 거죠. 하지만 만약 일 년에 몇 시간 이상 교육하라는 지침이 있으면 그걸 근거로 일을 추진할 수 있을 것 같아요. 그래서 위로부터의 정책과 구체적인 실행 지침이 교육 현장에서는 매우 필요하다고 생각합니다.

이경아 저도 그 부분에 대해 말씀드리고 싶었어요. 교사가 수학이나 과학을 한 번 더 봐 준다면 부모님들이 좋아하시겠죠. 하지만 자기 반만 데리고 통일 교육 현장 학습을 간다고 하면 부모님들이 높게 평가해 줄 것 같진 않아요. 오히려 '저 교사, 혹시 의식화 된 거 아냐?'라며 사상을 의심한다거나 하는 게 보통이죠. 그래서 지금 말씀하신 것처

럼 정부 지침이나 학부모들의 요구가 있어야 우리가 교육에 반영을
할 수 있을 것 같아요.

통일에 주인 의식 갖기

박희나 부모님들이 반크는 좋아하시거든요. 결론적으로 반크가 하고
싶어 하는 이야기도 통일이에요. 반크는 독도가 우리 땅이라는 것과
독도가 있는 지역이 일본해가 아닌 동해라는 점을 세계에 알리면서,
동시에 아이들에게는 통일에 대해 생각해 보게끔 만들어 주거든요.
그런데 반크에 외교관이라는 이름이 들어가서 그런지, 반크라고 하면
부모님들이 매우 좋아하세요.

양미정 그렇죠. 학부모님들은 반크를 일종의 스펙을 쌓을 수 있는 기
회라고 생각하시죠.

이경아 재작년에 가르친 학생 중에 통일부 어린이 기자가 있었는데,
사실 그 학생이 통일부 어린이 기자를 한 이유가 스펙 때문이었어요.
모든 부모님의 요구나 사회적 요구가 대학 입시, 외고·자사고 입학에
필요한 스펙에 맞춰져 있지, 통일 교육과는 완전히 동떨어져 있어요.

함규진 결국은 악순환이죠. 사회 전반에 통일 의식이 없으니까 통일

교육에 대한 열의가 없고, 그렇다 보니까 통일 교육이 잘 안 되고, 그 결과 사회 전반에 통일에 대한 관심이 없고……. 어쨌든 제가 보기에는 정부에서 지침을 정하더라도, 지금 상황에서는 학교 현장에서 소화하기가 힘든 게 현실이에요. 앞서 말씀하신 것처럼 교육 주제가 마흔 두 가지나 되잖아요. 그렇다면 통합교과적으로 접근하면 어떨까 싶어요. 예를 들어 도덕·사회·예술·영어 수업 등에서 통일에 대한 주제를 다룰 수 있겠죠. 마흔 두 가지나 되는 것을 하나하나 다루기 힘들다면, 비슷한 것들을 섞어서 함께 운영하는 것도 방법이고요. 그렇게 되면 받아들이는 입장에서도 같은 주제가 다른 영역에서 거듭되니까 배운 내용을 금방 잊거나 하지도 않고, 내용 이해에 많은 도움을 받을 수 있지 않을까요.

이경아 제가 6학년을 가르치면서, 4·5학년에 있는 통일 교육 내용을 한 차시씩을 빼서 창의적 체험 활동 시간에 적용을 해 봤어요. 그런데 아이들에게 통일 교육 내용을 물어보니, 4·5학년 때 배운 적이 없다는 거예요. 작년 수학 시간에 무엇을 배웠는지를 물어보면 그래도 반에서 서너 명은 기억을 하는데, 작년 도덕 시간에 배운 걸 물어보면 기억하는 애가 거의 없어요. 이유야 여러 가지가 있겠죠. 너무 바쁘니까 교과서를 한 번 쓱 읽고 넘어가서 못 배웠다는 것일 수도 있고, '중요하지 않아서 기억이 나지 않는다.'라고 하는 것일 수도 있을 거고요. 솔직히 저도 대학원에서 통일 교육을 전공한 뒤로 도덕 교과서 중에 통일에 대해 어떤 내용이 있는지 찾아보는 거지, 전에 도덕을 가르칠 때에는 빨리 빨리 읽고 넘어갔거든요. 국어·수학·사회·과학 진도 나가기도 굉장히 빠듯하기 때문에 도덕 시간을 좀 빼야겠다, 하는 거죠. 도덕적인 훈화는 빨리 해 버리고, 교과서 내용은 빨리 읽고 넘어가고, 그랬던 적이 사실 많았거든요. 저는 다른 교사들도 마찬가지일 거라고 생각해요. 교사 모임에서 대화를 해 보면 교사들도 학부모니까, 수학이나 영어는 어느 학원이 좋고 어디는 나쁘다는 등등의 이야기들만 정말 열심히 하거든요. 제가 통일 교육 이야기를 꺼내면 대부분 '도덕 교과서에 통일 이야기가 있었나?' 하는 식이죠. 그러니 사회나 정부에서 더 관심을 가지지 않는다면 심각할 만큼, 지금 상황이 매우 암울하다고 생각해요.

양미정 저도 이경아 선생님 말씀에 동감합니다. 어떤 일이든 현장에서만 관심을 가지고 있을 때, 되는 일은 아무것도 없다고 생각해요. 통일 교육도 마찬가지예요. 학교에서 통일 교육을 하라고 해 놓고선 학교 밖에서 관심이 없으면, 실제로 되는 일이 하나도 없거든요. 반대로 좀 전에 이경아 선생님이 말씀하신 것처럼 사회가 관심을 갖고, 국가가 중심으로 이끌고 가면 학교에서의 통일 교육은 저절로 이루어지게 돼 있어요. 예를 들어 세월호 참사 이후 교육부에서 안전 교육을 강화하고 있어요. 사실 이 부분은 국가와 국민들이 관심을 갖고 있는 부분이어서 학교 교육에 집중적으로 시간을 할애하라고 하는 거잖아요. 그런데 통일은 국가적으로나 사회적으로나 매우 무관심하다 보니 우리가 통일을 일종의 의무처럼 당위성만 얘기하게 되는 거지, 실질적으로 현실에서는 뭔가가 이루어지지는 않는다는 거죠.

저는 이런 사회적 분위기를 지하철 탈 때 많이 느껴요. 지하철을 기다리다 보면 심심하니까 역 내부에 설치된 광고용 모니터를 자주 보는데. 지난번에는 총을 든 군인들이 북한의 위협으로부터 국민들을 안전하게 보호하고 있다는 내용의 장면을 보여 주더라고요. 저는 그걸 보면서 정부가 통일을 정말 원하고 있는지 의심스러웠어요. 통일을 원한다는 나라에서 보여 주는 것이 북한에 대한 경계심과 두려움만을 강조하고 있잖아요. 우리나라가 정말로 통일을 원하고 있다면 지하철 건물 벽 한 칸에 "통일은 꼭 필요하다."라는 문구라도 하나 정도는 붙여 놔야 한다고 생각해요. 그렇게라도 해야 사람들이 자연스럽게 통일을 먼 나라 이야기가 아닌 우리 생활의 이야기로 생각하지 않겠어요. 이러한 국민들의 통일에 대한 관심이 결국 통일 교육 문제로 연결되면서 학교 현장에서 통일 교육이 어떻게 이루어지는지 관심을 갖게 되고, 적극적인 통일 교육을 요구하게 될 거라고 생각해요.

정부가 통일에 대한 국민들의 관심을 불러일으킬 만한 어떠한 노력도 하지 않으면서 단지 학교 교육만으로 통일에 대한 관심이 고취되길 바라는 건 한계가 있다는 거죠. 교사들에게 이것저것 너무 많은 짐을 지워 주면서 "너희들이 해결해라."라며 다그치기만 하는 것 갖고는 안 된다고 생각합니다.

장세영 네 맞아요. 정부가 우리 사회 전체의 통일 의식을 고취시킬 수 있는 노력이 필요해요. 쉽게 접할 수 있는 공익 광고 내용부터 조금 더 신경 쓸 필요는 있겠어요.

양미정 공익 광고가 사람들의 관심을 높이는 데 가장 좋거든요. 그런데 공익 광고에 언제 통일에 대한 한마디가 나온 적이 있냐는 말이죠.

함규진 그러게요. 하지만 한편 생각하면 외국에 가 보면 공익 광고라는 걸 보기 어렵거든요. 우리나라는 공공장소마다 공익 광고를 눈으로 귀로 접할 수 있는데, 왠지 국가가 국민을 어린애 취급한다, 옛날에 그랬듯 계도와 훈육의 대상으로 여긴다는 느낌이 옵니다. 그래서 오히려 반발심이 생기고 그러는데, 과연 어떨까요?

양미정 말씀하신 점도 일리가 있지만, 일단은 우리의 생활 환경에 아주 조금이라도 통일이 이슈가 되어야 하고, 그러려면 교육이랑 캠페인 정도밖에 없지 않나 싶어요. 다 큰 어른들을 붙잡고 교육을 할 수는 없으니 공익 광고 같은 데 의존할 수밖에 없지 않을까요?
　하지만 한편으로 이런 환경적인 부분도 상당히 중요하지만, 학교 통일 교육에서는 그 이상으로 나아갈 필요가 있다고 생각해요. 보통 통일 교육 연구 학교에서 제일 먼저 하는 게 환경적인 부분이에요. 복도 게시판이나 교실 뒷면에 통일과 관련된 내용들을 다양하게 게시하는데, 실제로 이런 것들이 학생들에게 북한이나 통일에 대한 인식을 높이는 데 효과적이라는 연구 결과가 있어요. 다시 말해, 통일에 대한 인지적 부분에 큰 효과가 있다는 거죠. 하지만 이런 것들로만 그쳐서는 학생들에게 통일에 대한 적극적 관심이나 통일을 위해 내가 무엇을 해야겠다는 자발성을 끌어내는 데는 한계가 있어요. 즉 머리로는 통일에 대해 알지만, 마음으로는 통일에 대한 의지 형성이 잘 안 된다는 거죠. 따라서 저는 아이들에게 통일에 대한 관심을 높이기 위해서는 환경적인 요인도 중요하지만 실질적인 활동이 이뤄졌을 때 더 큰 관심을 불러일으킬 수 있다고 봅니다. 좀 전에 말씀하신 반크 활동처럼 아이들이 어떤 단체의 일원으로서 활동을 하고, 또 그것이 통일에 기여하는 것이라고 생각한다면, 아이들이 얼마나 흥분되고 즐거워하겠어요? 하지만 통일 교육 연구 학교에서 주로 하고 있는 것들을 살펴보면, 통일 텃밭 가꾸기나 통일 벼 기르기란 말이죠. 배추를 키우고 벼를 기른다고 실제적으로 통일에 도움이 되겠어요? 그걸 하는 사람도 이 일을 통해 내가 통일에 뭔가 보탬을 주고 있다는 기분이 들겠어요? 우리가 일상적으로 하는 행사에 통일이라는 두 글자만 갖다 붙인 것 말고, 통일에 실질적인 도움이 될 수 있는 뭔가를 할 수 있어야 해요. 저는 그러한 고민을 많이 해야 한다고 생각합니다.

김현희 사회적 인식과 교육 정책이 비슷하게 간다고 하지만, 굳이 따지자면 교육 정책이 먼저인 것 같아요. 예를 들어서 정부가 과학 기술을 굉장히 중요시하잖아요. 과학 기술을 중요하게 생각하니 과학 기술 교육 분야에 더 신경을 쓰게 되고, 이 분야에 많은 영재들을 발굴하게 되죠. 또 영재 교육을 받게 되면 생활 기록부에 입력할 수 있게 되고, 추후 과학 분야 입시에 굉장한 영향력을 발휘할 수 있죠. 그러니 학부모들은 과학이나 수학 영재 교육에 많은 관심을 갖게 되고요. 정부의 관심 분야가 교육 정책에 반영되고, 학부모들은 그 정책에 따라 아이들의 교육 방향을 좌우하게 되요. 아주 쉬운 예로 매년 4월이 과학의 달인데, 정말 1학년부터 6학년까지 모두가 과학의 달 행사에 참여해요. 참여하는 이유는 당연히 '상' 때문이죠. 각 분야에서 최우수상 수상자는 교육청 대회에 나갈 수 있는 기회를 갖게 되니까요. 생활 기록부에는 반영되지 않지만, 수상 경력이 나중에 영재 선발이나 국제 중학교 입학에서 긍정적인 영향력을 발휘하니까 모두들 난리인 거죠. 제가 소속되어 있는 경기도 교육청에서는 그런데, 서울 교육청에서는 어떤가요?

이경아 비슷해요. 과학의 달 행사를 위해 아이들이 사설 학원 선생님에게 물 로켓을 쏘는 과외를 받는다고 하더라고요. 그래야 교육청 대회에 나가 상을 받을 수 있다나요. 그런데 과학의 달 행사와는 달리 한민족 사랑 공동체 글짓기, 나라 사랑 글짓기 같은 경우는 아이들이 이 주제에 대해 생소하게 생각할 뿐만 아니라 대부분 그냥 글짓기의 한 부분이라고 생각한다는 점에서 과학과 비교한다면 같은 상이라도 그 중요도가 다르게 인식되죠.

김현희 교육청에서 뭔가 주최를 하면 시상이 반드시 있어요. 경기도 교육청 같은 경우에는 예능 경연 대회를 매년 하는데요. 예술 분야에서 영재 양성의 기회를 제공하는 거죠. 음악이나 미술 분야에 소질이 있는 학생들은 소수지만, 어쨌든 꿈을 이루기 위해 꾸준히 노력하는 아이들이 있어요.

이경아 그런데 그런 경우는 상을 받으면 예술 중학교나 예술 고등학교 쪽으로 이어지는데, 호국 보훈의 달 글짓기 같은 경우는 진학과 연결이 안 되니까, 교육청 지구 대회를 해도 관심이 많지 않아요.

김현희 그래도 교육청에서 주최하는 대회 하나하나가 아이들한테는 교육적 효과가 있어요. 글짓기 대회에 참가하는 아이들은 주제에 알맞은 글을 써야 하기 때문에 스스로 생각할 수 있는 기회를 갖게 되는 거죠. 저도 현장에서 그런 경험을 했었는데요. 독서 토론 대회가 새로 생기면서 아이들 스스로 소그룹 동아리를 만들어서 토론 대회를 준비하더라고요. 대회 하나가 아이들을 스스로 움직이게 만들고, 그 움직임이 다른 아이들에게도 영향을 미치고 담임 선생님까지 나서서 지도하게 만들더라고요. 교육청에서 추진하는 대회 하나가 학교 현장으로 내려오면 이렇게 굉장한 영향력이 생겨요. 통일 교육 분야역시 관심을 가지고 꾸준하게 추진한다면, 한 번에 바뀌진 않겠지만학생과 학부모, 교사들이 관심을 갖게 되고, 사회적인 분위기도 조금씩 바뀔 수 있을 거라고 생각해요.

양미정 그런데 자꾸 평가로 이어지게 하는 것도 사실 문제가 많아요.

<u>김현희</u> 자율적으로 바뀌지 않으니까요.

<u>양미정</u> 자율적으로 되지 않는다고, 자꾸 학교 평가로 해결하려고 하면 결국 편법만 키우는 결과를 초래하게 되요. 진정한 통일 교육이 안 된다는 거죠. 진정한 통일 교육은 교사들의 자발성을 끌어내고, 교사들이 스스로 필요성을 느끼게 해야 한다고 생각해요. 그나마 제가 학생들에게 통일 교육에 대한 희망을 볼 수 있었던 것은 한국 전쟁에 대한 역사 교육과 이산가족 이야기했을 때 학생들의 반응이었어요. 그때는 정말 학생들의 마음이 움직이는 게 느껴지더라고요. 그래서 다른 교육도 마찬가지겠지만 통일 교육에서는 무엇보다 아이들의 감성을 자극하는 게 상당히 중요하다는 생각이 들었어요. 특히 〈국제시장〉이라는 영화가 전문가들 사이에서 "잘 만들었다. 못 만들었다." 말이 많지만, 학생들 사이에서는 통일에 대한 관심을 불러일으키는 데 상당히 효과적이었거든요. 요즘 아이들이 영상 세대들이다 보니 처음에 흥남 부두에서 피난 가는 장면이나 이산가족이 상봉하는 장면을 무척 흥미롭게 보더라고요. 그래서 그 장면과 연관 지어 통일 교육을 했더니 평소보다 집중도나 참여도가 높았어요. 그걸 보면서 통일에 대한 관심은 학교 안에서만이 아니라 다양한 분야에서 함께했을 때 훨씬 효과가 있다는 것을 느꼈어요.

<u>장세영</u> 저도 양미정 선생님 의견에 동감을 하는데, 통일 교육도 결국은 전체 교육 안에서 바라봐야 된다고 생각해요. 사회가 너무나 경쟁

영화 〈국제시장〉에서 이산가족이 감격의 상봉을 하고 있는 장면.

사회이다 보니까 시험이나 대회가 자꾸 생기고, 경쟁 체제로 가잖아요. 교육하는 사람들은 지나치게 경쟁을 심화시키는 쪽으로 가면 안된다는 걸 잘 알고 있기 때문에 대회나 전국 고사를 없애려는 시도도 있어요. 학교 밖에서 주는 상은 아무리 권위가 있는 상이라도 생활 기록부에 쓰지 말라고 하는 부분들도 어떻게든 지나친 경쟁을 줄이는 방향으로 가려고 하는 건데, 통일 교육을 하는 입장에서도 그런 방향에 맞춰서 나아갈 필요가 있는 것 같아요. 아이들한테 통일 의식을 심화시켜 주고 싶은 마음에는 공감하지만, 경쟁을 통해서 통일 의식을 심화시키게 되면 더 중요한 걸 놓칠 수가 있어요.

박희나 사회가 통일에 대해 관심이 없더라도 학교에서만큼은 통일 교육을 했으면 좋겠어요. 사회가 점점 자신에게 필요한 부분, 이익이 되는 부분들만 생각하는 것 같고, 그러다 보면 통일이라는 우리 민족에게 굉장히 중요한 문제가 터부시 될까 봐 염려가 되요.

서울대 통일평화연구소에서 김경호 교수님이 사회 통합에 대해 발표한 내용을 들었는데, 제 관심을 특히 끌었던 점은 '독일이 통일을 할 수 있었던 것은 여러 이유 중에서도 강력한 카리스마가 존재했기 때문'이라는 것이었어요. 우리의 경우는 통일을 이끌 카리스마가 당장은 없어 보여요. 하지만 학교에서 받은 통일이라는 생각의 불씨가 꺼지지 않는다면, 언젠가는 가능하지 않을까요? 다시 말해 학교 현장에서만큼은 통일에 대한 가르침과 꿈이 살아있으면 좋겠어요.

양미정 사람들은 늘 학교 교육에서만큼은 무엇이든 불씨가 살아있어야 한다고 하죠. 그런데 학교에서 교육을 받는 이유는 결국 사회에 나가서 써 먹으려는 거잖아요. 사회와 연계가 되어야 된단 말이죠. 하지만 학교에서 통일의 불씨를 열심히 키워 놔 봤자, 학교 밖에만 나가면 다 꺼진단 말이에요. 제 딴에는 그래도 통일에 관심을 갖고 국어를 하든, 수학을 하든, 사회를 하든 학습 내용이 조금이라도 북한이나 통일과 관련이 있다 싶으면 "얘들아, 그런데 이걸 통일과 관련시켜 생각하면 어떻게 될까?"와 같은 질문을 던져요. 그렇게 학생들에게 통일이나 북한에 대한 관심과 문제의식을 느끼게 하는 거죠. 저는 통일의 관심을 높이는 가장 좋은 방법은 통일에 대한 문제의식을 갖게 하는 것이라고 봐요. 분단 문제나 통일 문제에 대한 문제의식을 갖다 보면 그 문제를 어떻게 풀어 나가야 할지 고민하게 될 것이고 그러다 보면 방법을 찾게 되지 않을까요? 하지만 이렇게 나름대로 문제의식, 즉 불씨를 키워 놓았는데, 반대로 학교 밖에서는 북한에 대한 부정적 인식만 강조하며 경계 의식을 심어 줘요. 그러다 보니 결국 학교 밖으로 나가면 그 불씨가 쉽게 사그라들 수밖에 없지요. 이런 악순환 속에서 교사들 역시 통일 교육을 외면하게 되는 거예요. 그래서 저는 아까도 언급했듯이 학교 통일 교육이 살아나기 위해서는 교사들의 통일에 대한 의식을 살려야 하고, 이를 위해서는 국가의 정책적인 노력이 뒷받침 되어야 한다고 생각해요. 지금과 같이 통일에 대한 국가적, 사회적 관심이 없으면 아무리 교육에서 발버둥을 쳐도 한계가 있을 수밖에 없어요.

함규진 사실 통일 문제는 국가가 계속 쥐고 있었죠. 그런데 그 이유 중 하나가 어떻게 보면 통일 문제를 터부시하기 때문이에요. 아시겠지만 1980년대 초에 유성환 의원이 국회에서 "우리나라의 국시는 통일이다."라는 말을 했다가 엄청나게 탄압을 받았잖아요. "국시는 반공인데 무슨 말이냐?"라고 말이에요. 그다음에 아시다시피 분위기가 약간 달라지긴 했지만, 그래도 통일은 통일부만의 일이에요. 다른 부서에서는 관심이 없어요. "통일부에 맡겨 놨으니까 뭔가 일을 하고

검찰에 의해 구속 영장이 청구된 유성환 의원 관련 기사. 1986년 10월 15일자 〈경향신문〉.

있겠지."라는 정도죠.

그런데 또 통일 교육은 교육부의 일이고……. 통일 전담 부처라고 하는 통일부는 얼마나 일을 열심히 하는가 생각하면, 이게 사실 의문스럽죠. 한때 통일부를 없애자는 논의가 있었는데 당시에는 시민 단체 등에서 강력히 반대했지만, 요즘 와서는 '반대하지 말 걸 그랬나.' 한대요. 이런 통일부라면 차라리 없는 게 낫다 싶으니까요. 아무튼 통일 교육을 철저히 학교에만 한정시켜 놓고, 정부가 통제하면서 "통일 교육을 이렇게 해라, 저렇게 해라." 말은 하는데 그게 현장에서 보면

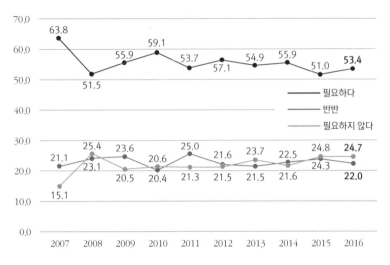

통일의 필요성

| | 필요하다 | 반반 | 필요하지 않다 |

- 매우 필요 19.5%, 약간 필요 33.9% → 53.4%
- 매우 필요하다는 응답은 2007년 34.4%였는데 계속 감소하고 있음.
- 통일이 필요하다는 인식은 큰 변화가 없으며, 2015년과 2008년 다음으로 낮은 결과임.
- 통일이 필요하지 않다는 의견은 2009년부터 계속 아주 조금씩 증가하여, 24.7%임

서울대학교 통일평화연구원, 〈2016 통일의식조사 보고서〉 15쪽.

상황이나 현실에 안 맞아요. 그러니 흥이 나고 내실 있는 통일 교육이 될 수가 없죠. 이런 것들이 쌓이다 보니까 사회에서 통일에 대한 의식이 형성될 수가 없는 거죠. 저는 국가나 학교만이 아니라 학교와 시민 단체 그리고 관심 있는 사람들이 서로 연계될 수 있는 공간이 만들어져야 한다고 생각해요. 지금 우리들처럼 영역이 다른 분들이 만나 여러 의견을 나눌 수 있고, 관점을 이해할 수 있는 계기가 계속 확장이

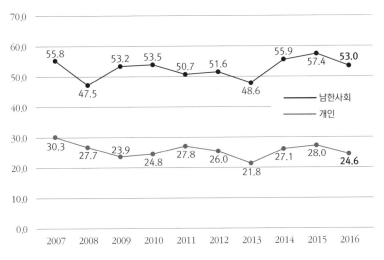

통일 편익 기대감: 남한사회와 개인

- 남한 사회 전체에 통일이 이익을 가져다 줄 것이라는 응답이 53%인 반면, 개인에게 이익을 가져다 줄 것이라는 응답은 24.6%임
- 2015년 조사와 비교하여 두 범주 모두 줄어들었음.
- 2007년 이후 집단적 이익에 대한 기대감과 개인적 이익에 대한 기대감 차이는 평균 26.5%임.
- 2015년과 2016년 격차는 각각 29.4%p와 28.4%p임.
- 2012년 이후 두 범주간 격차는 커지고 있음.

서울대학교 통일평화연구원, 〈2016 통일의식조사 보고서〉 19쪽.

되어야 한다는 거죠. 그러다 보면 국가적인 입장에서도 통일 이슈를 좀 더 적극적인 시각에서 바라볼 수도 있게 되겠죠.

이경아 '통일은 나의 일이 아니다.'라고 생각하는 것 같아요. 과연 얼마나 많은 사람이 '5년이나 10년 이내에 통일이 됐으면 좋겠다.'라고 생각할까요? 설문 조사를 해 보면 많은 사람들이 '통일을 원하긴 하지만 준비가 충분히 된 뒤에 했으면 좋겠다.'라고 하죠. 그런 말은 다시 말해서 '적어도 지금은 통일이 안 됐으면 좋겠다.'라는 뜻 아닐까요? 정치인들도 자기 임기 내에, 10년 이내에 통일이 된다고 생각한다면, 또는 그렇게 통일이 빨리 이루어지기를 바라고 있다면, 이렇게 통일에 관심이 없겠어요? 이전 정부도 마찬가지지만 '통일은 대박'이라고 하는 현 정부도 '임기 내에 통일을 이루겠다. 못해도 10년 내에 이루겠다.'라고 생각하고 있을까 의문이죠. 통일은 말로만 우리의 소원이고, 뜬구름 같은 일이지 나의 일은 아니에요. "언젠가 되겠지. 나중에, 더 나중에. 솔직히 안 되었으면 좋겠어."라고 생각하는 사람들이 더 많다고 봐요.

하지만 우리가 원하지 않아도 통일이 올 수가 있잖아요. 원하지 않아도 통일을 해야만 되는 상황이 올 수도 있고요. 그런데 내 일이라고 생각하고 준비하는 사람이 아무도 없는 것 같아요. 지금 통일교육원에서 일하시는 분들도, 통일부에서 통일 정책을 집행하시는 분들도 마찬가지인 것 같아요.

함규진 통일 문제에 대해서, 나아가 공동체 문제에 대해서 정치인뿐 아니라 일반 국민도 주인 의식이 부족하다는 말씀을 하시는 거죠?

이경아 네. 만약 통일이 10년 뒤로 시간이 정해져 있다면 통일 교육을 이렇게 하지는 않을 거예요. 지금 당장 정규 교과 과정에 편성되고, 통일 교과서가 나오고……, 아주 적극적으로 준비하겠죠.

할규진 박희나 선생님이 아까 "우리 세대는 해방을 이루었는데 너희는 통일을 이루어야지"라는 할아버지 말씀을 하셨잖아요. 그 말을 듣고 생각되는 게, 사실은 우리가 노력해서 해방을 이룬 게 아니잖아요. 어떻게 보면 우리 근대사가 계속 그래 왔어요. 우리 힘으로 개화를 이루지도 못했고, 우리 힘으로 국권 상실을 막지도 못했고, 우리 힘으로 독립하지도 못했고, 분단을 막지도 못했고, 전쟁을 막지 못했어요. 그나마 내세울 수 있는 게 경제 발전을 하고 민주화도 좀 했다는 건데, 그것도 불완전한 게 많아요. 어쨌든 지금까지 계속 이런 식이었다는 거죠. 당장 당면한 문제가 눈앞에 있는데 서로의 입장 차이 때문에 일치단결이 안 되어서 나라가 망했고, 전쟁도 났었단 말이죠. 그런데 이제는 제발 그러지 않았으면 좋겠습니다. 지금 언제 터질지 모르는 폭탄이 우리 앞에 있는데, 사회 전체적으로 마치 북한이 존재하지 않는 것처럼 생각하지 않았으면 좋겠어요.

북한은 뭐든 우리보다 떨어질까?

양미정 그런 의미에서 통일 교육은 역사 교육과 연계해서 이루어져야 한다는 생각이 들어요. 아이들에게 해방 과정에서부터 분단에 이르기까지의 국내외적 환경과 통일을 연관 지어 이야기를 해 주면 지금의 분단이 얼마나 비극적 결과물인지 깨닫게 되는 것 같더라고요. 그래서 저는 통일에 대한 관심을 높일 수 있는 방법 중 하나로 역사 교육을 말하고 싶어요.

박희나 초등학교에서 역사 교육의 비중은 어느 정도나 되나요?

양미정 2007 교육 과정에서는 5학년 1년 내내 사회과에서 역사 교육을 했다가 2009 개정 교육 과정에서는 5학년 2학기와 6학년 1학기로 나누어 하고 있어요. '해방과 분단 과정'은 사회과의 경우 6학년 1학기에 약간 자세히 다뤄지고, 도덕과의 경우 4학년 2학기에 짤막하게 다뤄지게 되죠. 사실 학생들에게 우리나라의 해방과 분단 과정을 제대로만 다뤄 준다면, 학생들의 통일에 대한 관심을 충분히 이끌어 낼 수 있다고 생각해요. 그러려면 교사들 또한 그에 대한 역사의식이 있어야 되겠죠.

장세영 통일 교육의 측면에서 역사 교육이 올바르게 이루어지려면, 북한의 문제점뿐만 아니라 우리 사회보다 잘 이루어지고 있는 점, 예를 들면…….

함규진 어려서부터 피말리는 경쟁에 내몰리지 않고 비정규직이 없고, 그런 것들을 말씀드렸죠.

장세영 네. 역사 교육을 할 때 우리의 좋은 점, 잘했던 것만 교육하게 되는 경우가 많은데, 남한과 북한의 발전 상황을 보면 분단 초기에 북한이 좀 더 발전한 부분도 있고 문화적인 측면에서도 전통문화를 지키려는 노력도 있거든요. 무조건 우리가 모든 면에서 우월하다는 시각보다는 객관적인 측면에서 비교할 필요도 있다는 거죠. 통일 이후에 함께 살아가야 하고, 어울려야 한다는 점을 생각한다면 북한의 발전된 측면과 부족한 측면을 함께 객관적으로 인식할 수 있는 역사 교육도 필요하다고 생각해요.

양미정 제가 작년에 5학년을 가르치면서 느끼기엔 교사들이 보통 국권 침탈부터 해방 전후까지는 우리가 일제한테 얼마나 당했고, 또 독립운동을 어떻게 열심히 했는지를 정말 사명감을 갖고 가르치는 것 같았어요. 그런데 문제는 그 다음부터는 대충 한다는 거죠.

이경아 그런데 사실 우리 세대 교사들이 근현대사에 약해요. 그렇게 배웠기 때문에요.

장세영 실제로 교과서도 근현대사는 내용이 굉장히 부실하죠.

양미정 해방 후부터 현대까지는 그냥 개략적으로만 다루고 끝내는 거죠.

할규진 북한에 나쁜 점만 있다면, 솔직히 통일하고 싶은 생각이 안 들겠죠. 그런데 그렇지만은 않다는 걸 얘기해 줘야 하는 이유 중 하나가 지금 북한이 인권에서는 최후진국으로 되어 있습니다만, 사실 분단 이후 각자 정부를 수립할 때 북한의 인권 제도가 우리보다 더 먼저 구축되었어요. 우리나라에서 축첩 제도가 없어진 건 1956년이에요. 그때 민법 개정을 하면서 일부일처제를 확실하게 정립하고 간통죄를 신설했죠. 그때까지는 돈 있는 사람들이 첩을 여럿 두는 건 당연한 거였어요. 그런데 북한은 정부를 수립하면서 바로 없애 버렸어요. 여성 노동 조항이나 육아 휴직제도는 우리보다 북한이 최소 5년에서 10년 먼저 한 겁니다. 그런데 지금 우리가 북한을 인권의 인 자도 모르는 나라로 알고 있죠. 물론 현재 그게 사실인 면도 있지만, 역사라는 측면에서 이 부분에 대해 제대로 알려 주면 아이들이 북한을 좀 다르게 볼 수 있지도 않을까라는 생각이에요.

양미정 저는 통일에 대한 관심 제고에서 가장 큰 걸림돌은 남한과 북한의 불평등이라고 생각해요. 물론 경제적 상황과 같이 외적으로 불평등한 것도 있겠지만 사람들의 의식 속에서도 남과 북은 상당히 불평등하다는 거죠. 남한 사람들에게는 북한에 대한 우월 의식이 강하게 자리 잡혀 있는 반면에 북한은 남한에 대한 열등 의식에 사로잡혀 있는 것 같아요. 흔히 "알면 이해하고, 이해하면 사랑한다."라고 하잖아요. 그런데 우리가 과연 북한을 제대로 알고 있을까요? 북한을 제대로 알면 북한을 제대로 이해하게 되고, 제대로 이해하게 되면 북한을 존중하게 된다고 생각해요. 서울시 교육청의 2015년도 중점 사업 중 하나가 회복적 생활 교육이에요. 회복적 생활 교육은 회복적 정의[2]

의 개념을 바탕으로 하고 있어요. 즉 사람 사이에 갈등이 발생했을 때 가해자건 피해자건 상대방의 가치를 인정하고, 이를 바탕으로 잘못된 행동으로 인한 문제를 자발적 책임을 통해 해결함으로써 깨어진 관계를 회복하는 데 목적이 있어요. 저는 이 회복적 정의, 회복적 생활 교육을 접하면서 남북 관계를 생각했어요. 지금과 같이 깨어진 남북 관계가 다시 회복되기 위해서는 서로 비난하고 경계하는 것에서 벗어나 상대방의 존재를 존중하고, 상대의 말에 귀를 기울이다 보면 상대방의 입장을 이해할 수 있지 않을까요? 그러다 보면 지금까지 상호 간에 겪었던 고통을 치유하기 위한 자발적 노력들이 이루어질 것이고, 이것이 곧 남북 관계를 회복할 수 있는 지름길이 될 수 있을 거라고 생각해요. 남북 관계가 이러한 회복 과정을 거치다 보면 제대로 된 통일이 이루어질 수 있을 거예요. 그래서 저는 무엇보다 남북한 간의 존중 의식이 가장 절실하다고 생각해요. 이게 곧 민주 시민 의식이라고도 할 수 있겠죠.

장세영 우리 사회 곳곳에서 많은 문제가 발생하는데, 민주 시민 의식을 제고시키는 가운데 통일 의식도 같이 제고시키기 위해 노력하면 좋을 것 같아요. 지나친 이기주의나 개인주의 때문에 일어나는 일들

---

2 restorative justice. '응보적 정의'의 반대 개념으로, 응보적 정의가 죄지은 사람에 합당한 처벌을 내리는 것을 위주로 한다면 회복적 정의는 사람보다 죄에 주목하며 가해자와 피해자가 죄로 인해 발생한 문제를 극복하고 본래의 관계를 회복하는 일을 위주로 한다. 대안적 사법 개념으로 시작되어 지금은 학교 폭력 문제 해결 방안 등에 응용되고 있다.

이 뉴스로 나오는 것을 보면, 지금 우리 사회의 민주 시민 의식이 이 대로 괜찮은가라는 생각을 하지 않을 수가 없어요. 그래서 우선적으로 민주 시민 의식 제고를 위한 담론이 형성된다면, 자연스럽게 그 과정에서 통일 의식에 대한 담론도 형성되어 통일 교육이나 통일 의식 제고에 많은 도움이 될 것이라고 생각해요.

2장

사람의 통일이
중요하다

사람의 통일이
중요하다

이경아 동호초등학교 교사

안녕하세요? 이경아입니다.

'통일 준비 역량 강화'라는 주제는 〈통일 교육 지침서〉에 나와 있는 두 번째 주안점인데, '영토와 정치, 제도적 통합을 넘어서 사회 문화적 측면의 통합까지, 즉 사람의 통일까지 이루어야 한다.'라는 개념을 다루고 있습니다. 즉 통일을 이루는 것도 중요하지만 통일 이후에 남과 북의 사람들이 하나로 합쳐져야 진정한 통일이 될 수 있다는 내용입니다.

이 주제는 기존에 사용하던 5학년 도덕 교과서에서는 잘 다뤄져 있었습니다. 당시 교과서에서는 '통일의 의미'라는 주제가 직접적으로 나오면서 '영토의 통일, 제도의 통일, 사람의 통일이 있는데 영토의 통일은 서로의 땅을 통일하는 것, 제도의 통일은 나라를 운영하고 사회생활을 하는 방식에서 통일을 이루는 것, 사람의 통일은 마음을 하나로 통일하는 것'이라고 설명하면서 '그중 사람의 통일이 진정한 통일이다.'라고 강조하고 있습니다. 또한 사람의 통일이란 '서로 다른 생각과 가치관을 잘 조화시키고 생활 방식을 맞추어 가면서 진정으로 마음이 통하여 하나가 되는' 것이라고 설명을 하고 있는데요. 북한 동포 아이의 학교생활, 가정생활, 과외 활동 등에 관한 이야기를 하면서 '북한 동포의 생활을 바르게 이해하는 활동을 하자. 남북한 생활 모습의 같은 점, 다른 점을 찾아보면서 동질성을 발전시키고 이질성을 극복하자.'라는 내용이 나옵니다. 또 '멋진 선물'이라는 예화를 통해서 북한 출신의 학급 친구에게 선물을 했지만 오해 때문에 도리어 서로 사이가 나빠지는 상황을 보여 줍니다. 이 예화는 '남북한 사람들의 생각과 가치관이 달라서 갈등이 생길 수가 있다.'라는 교훈을 줍니다. 나아가 '남한과 북한이 더불어 가기 위한 마음의 자세는 무엇인가?'를 살펴봅니다. 그런데 안타까운 것은, 이제 교과서가 바뀌었는데 살펴보니 이런 좋은 내용이 대부분 없어져 버렸더군요.[3]

그런데 이 부분은 문화 이해지[4]와 비슷한 거 같습니다. 『북한에서 온 내 친구』라는 문화 이해지 형식의 책이 있는데, 어떤 사례를 제시하고 '왜 북한 아이는 저렇게 행동을 했을까?'를 남한 아이들이 보기

---

3 개정된 현행 도덕과 교과서에서는 종전에 실려 있던 북한 동포의 생활에 대한 소개와 이해 부분을 전면 삭제하고, 탈북 청소년에 대한 이해만을 간략하게 다루고 있다.
4 cultural assimilator, 서로 다른 문화를 가진 사람끼리 서로를 이해하기 위해 상대의 행동을 그 문화권의 특성에 비추어 이해해 보고, 스스로의 행동도 상대에게 어떻게 인식되는지를 살핌으로써 편견을 극복하는 방법. 보통 어떤 행동의 이유를 여러 보기 중에서 찾아내는 방식으로 접근한다.

중에서 찾는 형식입니다. 문화 이해지 형식과 같이 아이들이 그냥 예화를 읽는 것보다 문제를 풀면서 북한 아이가 왜 그랬는지에 대해 궁금증을 자연스럽게 갖게 되는 것입니다. 기존 교과서에서는 북한 이탈 주민이 남한 사람과 같은 말을 사용하면서도 의미가 달라 오해를 받고, 아직 남한 사회에 익숙하지도 않은데 남한 사람과 똑같이 생각하고 행동해야 하는 것에 힘들어 하는 내용을 통해서 우리 사회에 살고 있는 북한 이탈 주민과 더불어 살아가기 위한 자세에 대해서도 나옵니다.

이러한 주제들은 대부분 상대방 문화에 대한 이해와 존중을 통해서 편견 없이 상대방을 포용할 수 있는 자세를 길러 사회적 통합을 이루고자 하는 목적을 가지고 있고, 이는 '반편견 통일 교육'과 상당 부분 일치한다고 생각합니다. 반편견 교육은 다민족·다문화 사회인 미국에서 먼저 나왔는데요. '성, 인종, 장애 등의 개인적 특성과 민족적·계층적·경제적 배경 등 사회 문화적 특성이 다른 모든 사람을 편견 없이 대하고, 말 그대로 편견을 없애서 다른 사람들을 이해하고 수용할 수 있는 지식·태도·행동을 길러 주는 교육'이라고 할 수 있습니다. 제가 반편견 교육의 방법을 통일 교육의 방법으로 적용시키는 논문을 썼는데요. 분단 이후에 오랜 세월 동안 남한과 북한은 이질적인 부분이 많아졌고, 또 분단이 계속되는 한 앞으로 이질성이 커질 수밖에 없는 상황에서 이질성을 어떻게 극복을 할 것인가를 생각해 보았습니다.

독일의 경우를 보면, 서독이 동독을 흡수한 상황이기 때문에 서독의 제도와 경제 체제를 무조건 받아들일 수밖에 없는 상황이어서 제도적인 통일은 금방 이루어졌습니다. 하지만 통일 20년 뒤에도 문제로서 존재하는 것이 동서독 주민들 사이의 경제적 격차와 더불어 사회적인 통일, 즉 사람의 통일과 관련된 것이었습니다. 독일에서 나온, 사회 통합에 대한 사례집에 실린 사례 하나를 소개하겠습니다. 통일이 되어서 한 초등학교에 (구)동독 교사, (구)서독 교사들이 같이 근무를 하게 된 거예요. 크리스마스를 앞두고 학교 행사를 어떤 방식으로 진행할 거냐는 논의가 있었는데, 산타클로스가 어떤 복장을 입어야 하는가에 대해 서로 입장이 달랐어요. 서독 출신 교사들은 당연히 산타클로스로 유명한 성 니콜라우스가 빨간 산타 복장을 입고 나와야 하지 않겠느냐고 얘기를 했고, 이에 동독 출신 교사들이 반발을 했습니다. 동독 출신 교사들은 원래 성 니콜라우스는 독일 쪽 전통으로, 지금의 산타클로스의 빨간색 복장과 하얀 수염은 미국의 코카콜라 회사의 광고로 알려진 모습이라고 주장했지요. "독일의 전통적인 성 니콜라우스는 축일에 하얀색 정복을 입고 초콜릿을 나눠 주는 게 전통인데 지금 무슨 소리 하는 거냐?"라고 하더라는 거죠. 평소에도 동독 출신자들은 서독인들이 자기들 세금으로 동독을 도와줬다며 으스대고, 동독인을 게으르고 무능한 사회주의의 실패자로 보며 동독인의 말을 무시한다고 생각하는 경우가 많기 때문에 이런 일이 자주 발생한다고 합니다.

이 이야기를 읽고 저는 "만약에 남북한이 통일이 돼서 같은 초등학교에서 남북한 교사들이 함께 근무하면서 학예회 행사나 체육 대회를 하면 어떨까?"라고 생각해 봤습니다. 남한 교사들은 지금 우리 운동회 모습을 생각하면서 의견을 제시할 것이고, 북한 교사들은 북한에서 해 왔던 방식을 내세울 것 같아요. 그렇게 충돌이 일어난다면 과연 북한 사람들의 얘기를 똑같이 동등한 입장으로 받아들일 수 있을까요? 저는 익숙한 남한의 방식이 옳다고 생각하고 제 주장만 내세울 것 같다는 생각을 했어요.

그리고 우리는 통일을 하면 당연히 남한 방식으로 통일이 되어야 한다고 생각하고 있는 것 같습니다. 하지만 한쪽을 무조건 따르는 거라면 한쪽으로의 흡수라고 볼 수 있지 않을까요? 이질성을 극복하는 방법은 상대방을 존중하고 상대방이 나와 다른 생각을 해도 그것을 이해하고 받아들이려고 하는 태도에 있습니다. 이런 면에서 반편견 교육은 매우 중요하다고 생각합니다.

북한 주민에 대한 고정 관념과 편견은 이미 반공 교육과 언론 등을 통해서 오랫동안 우리한테 학습이 되어 왔습니다. 모두는 아니지만 상당히 많은 남한 사람들의 생각 속에는 의식적이든 무의식적이든 북한 주민들에 대해서 불신감과 우월 의식이 존재하고 있는 것이 현실입니다. 남한 사람들이 북한 이탈 주민에 대한 편견을 가지는 이유를 조사했더니 "북한 정권에 혐오감 있기 때문에(38.8%). 남한 사회에 대한 지식 수준이 낮아서(29%). 북한에서 왔기 때문에(38.8%)." 등의 답변이 대부분이었고, "편견이 없다(7.8%)."라는 대답은 소수였다고 합니다. 이런 편견은 생각으로 그치는 것이 아니라 북한 이탈 주민의 채용을 꺼리거나 승진에서 불이익으로 주는 등 실제적으로 행동으로도 나타나는데, 실제로 "채용을 꺼린다."라고 응답한 사람의 대부분은 "편견과 고정 관념 때문에(36.8%). 정세와 여론 등 주변 환경에 신경 써야 되기 때문에(23.2%). 사람에 대한 신뢰가 안 가기 때문에(19.2%)."라고 이유를 밝혔습니다. 반면 업무 수행 능력으로 판단한 사람은 17.4%밖에 안 된다고 하는데, 우리 사회가 이처럼 북한에 관한 편견을 가지고 있고, 그 편견이 북한 이탈 주민한테 나타난다고 볼 수 있습니다.

이러한 맥락에서 제가 6학년을 대상으로 현재 교과서를 활용해서 반편견 통일 교육 수업을 했을 때 느낀 점을 말씀드리겠습니다. 수업하기 전에 학생들한테 사전 설문지를 돌렸더니, 통일의 필요성에 대해서 굉장히 부정적이었습니다. 대부분의 학생들은 통일에 관해 잘 모르고 부모님의 의견을 많이 받아들이는 것 같았습니다. "지금 우리 사회도 힘들고 세금도 많이 내는데 통일을 해야 하는가?"라는 세금 이야기를 먼저 하더라고요. 통일의 필요성에 관해서도 굉장히 부정적이었는데, 그래도 같은 민족이고 불쌍하니까 도와주자는 의견이 많았습니다. 반면에 도와주지 말자는 의견도 나왔는데, 그 이유가 '빨갱이니까. 그냥 싫어서. 전쟁 때문에."였습니다. 여기서 제가 주목한 것은 북한에 대한 이미지를 자유롭게 쓰게 했을 때 '빨갱이, 전쟁, 공산주의' 등 우리 세대가 반공 교육을 받았을 때의 용어가 다시 나타났다는 것입니다. 제가 처음 교사로 발령받았을 때는 남북한 교류가 한창이던 때였죠. 그때는 빨갱이란 말을 거의 들어 볼 수 없었는데, 빨갱이, 공산당 같은 말이 다시 나오는 걸 보면 과거로 다시 돌아간 것 같은 느낌입니다.

그런데 빨갱이라는 말을 즐겨 사용하는 아이들은 수업을 해도 변화가 안 됩니다. 사회적 관계에서는 예를 들어 직장 동료가 되는 건 괜찮지만 우리 가족의 일원이 되거나 사업 동료가 되는 등 깊은 관계가 되는 것을 기피할수록 사회적 거리감이 먼 것입니다. 그런데 아이들의 응답을 보면 북한 이탈 주민과 같은 조가 되거나 준비물을 빌려 주는 것처럼 '학급 동료가 되는 것은 괜찮다.'라는 반응이 나왔지만 비밀을 털어 놓는다든가, 제일 친한 친구가 된다든가, 일상적으로 꾸준히 어울리고 친밀한 사회적 관계를 맺기는 꺼리는 경우가 많습니다. 그런데 북한이 잘하는 것, 예를 들어 아리랑 체조를 보여 준 후 북한 아이들 모두가 지저분하거나, 북한이 남한보다 모든 것을 못하는 것은 아니라는 얘기를 한 뒤에 입장을 바꿔서 자신이 북한으로 전학을 가면 어떤 심정일까를 생각해 보는 주제로 토론을 했더니 드라마틱한 변화는 일어나지는 않았지만 '지저분하다. 열등할 것이다.' 등의 생각이 좀 사라지는 모습을 보였습니다.

저는 생각이 바뀌지 않는 아이들에게 주목을 했습니다. 열여덟 명 중에 세 명 정도인데, 그 아이들의 머릿속에는 이미 북한은 '빨갱이다. 그러니까 죽여야 된다.'라는 생각이 너무 강했습니다. 예를 들어 자기는 북한에 가면 그 자리에서 자살할 것이라고 말할 정도였습니다. '빨갱이들이랑은 같이 못 산다.'라는 것인데, 아마도 부모의 부정적인 인식이 영향을 준 것 같았지만, 그 아이가 '일베' 사이트를 들어가 보고 그쪽에서 영향을 받았던 것 같기도 합니다. 여기서 제가 한 가지 말씀드릴 건 편견은 한번 생기면 아무리 반대되는 증거를 제시해도 쉽게 수정되지 않는 속성이 있다는 것입니다. 그렇기 때문에 반편견 교육은 어린 나이부터 해야 된다고 봅니다. 6학년은 이미 자기 생각이 확고해서 늦은 감이 있기 때문에 조금 일찍 시작하는 게 어떨까 하는 생각이 들었습니다. 남북이 대치하는 상황에서 북한에 관한 보도는 주로 북한 정권의 나쁜 점, 이상한 점 위주로 보도되기 때문에 아이들이 북한 사람 전체를 나쁜 사람 또는 이상한 사람들로 보게 되는 것 같습니다. 이런 상황에서 도덕 수업에서 통일 교육을 1년 동안 3차시를 한다면 아이들의 생각이 바뀌기는 어렵다는 생각이 듭니다.

솔직히 도덕 교과서에서도 북한에 대한 부정적 내용이 많이 포함되어 있습니다. 북한의 좋은 점이나 우수한 점, 북한 출신 중에 누가 뛰어나다는 내용은 없고, 낙후됐고 살기 힘들고 너무 비인간적인 곳으로 묘사되고 있습니다. 수업 시간에 활용하는 동영상이나 이미지 자료에서도 배경 그림에는 헐벗고 굶주린 북한 사람이 나옵니다. 내용은 남한과 다를 바 없이 부모님 말씀 잘 듣는 북한 아이의 하루 생활인데, 배경 그림 속 아이는 헐벗고 불쌍한 아이로 그려져 있습니다. 그 배경 그림을 만든 사람도 편견에 사로잡혀 있기 때문일 것입니다. 이렇게 우리가 북한을 열등한 존재로 계속 바라본다면, 북한 사람들을 동등하게 대한다거나 존중하기가 어렵다고 봅니다. 따라서 우리가 가진 편견을 깰 수 있도록 교과서 내용에 북한이 잘하는 점, 우수한 점을 조금이라도 소개하면 어떨까 하고 생각해 보았습니다.

북한을 대하는 우리의 오만과 편견

장세영 어제 탈북자들이 나와서 이산가족을 찾는 TV 프로그램을 봤는데, 그걸 보면서 눈물이 나더라고요. 실제 북한에 살았던 사람들의 얘기를 들어 보니까, 지금 나누는 얘기보다 2~3배 이상 경제적 상황이 더 심각하게 안 좋더라고요. 그러니까 그 사람들을 불쌍하게 보는 것은 단순히 편견이라고만 치부할 것이 아니라 북한의 경제적 상황을 고려한다면 당연히 생길 수 있는 감정인 거예요. 우리가 같은 인간으로서 그들에게 존중심을 가져야 되는 건 맞지만, 그들의 경제적 상황이 매우 어려운 것도 사실이기 때문에 북한 실상에 대해 사실대로 전달을 하면서 인간 대 인간으로서 더불어 살아가야 한다는 부분에 초점을 맞춰져야 하지 않을까 하는 생각이예요.

이경아 대학원 통일 전공 강의 시간에 나온 이야기인데, 북한에서 우리나라의 드라마나 가요 등이 인기가 있고, DVD를 많이 본다는 언론 보도를 보면서 모두들 "북한에 DVD가 있어?"라고 하는 거예요. 또 북한의 해킹이라는 보도에는 "북한에 컴퓨터가 있어? 해킹할 수 있는 사람이 있어?"라고 반응을 보이더라고요. 통일에 대해 배우고 있는 대학원 학생들조차 이렇게 생각할 정도면, 우리의 생각이 너무 한쪽으로만 치우쳐져 있는 건 아닐까요? 북한 사람들을 불쌍해서 도와줘야 할 대상으로만 생각한다면 동등하게 대우하기는 사실상 어렵지 않을까요.

컴퓨터 수업을 듣는 북한 초등학생들.

할규진 아이들한테 북한에 대해 이야기해 줄 때 무엇부터, 어느 쪽부터 강조해야 되느냐가 문제가 되는 거겠죠. 예를 들어 아이 둘이 처음 만나서 이제 막 사귀려고 하는데, 처음 나오는 대화가 '너희 아빠 연봉 얼마야? 너희 집 몇 평이야?' 이런 식이라면 서로 친해질 수 있겠어요? 그러니까 정보를 왜곡할 필요까진 없겠지만, 어느 정도 중점을 두어야 할 부분을 구별할 필요가 있겠죠.

북한 하면 무조건 못 산다, 굶주린다라고만 생각하지만 북한이 정말 어려웠던 시기는 이른바 '고난의 행군'[5] 시기로 불리는 1990년대 중후반이고요, 지금은 그렇게까지 열악하지는 않아요. 탈북자 분들의 이야기도 조금은 걸러서 들어야 할 필요가 있는 게, 북한에서도 불우

---

5 1990년대에 주요 무역 상대국이던 사회주의 국가들의 몰락, 김일성 사망, 여기에 수해까지 겹치면서 북한 경제 사정이 최악이 되었고 33만 명이 굶어 죽었다. 고난의 행군은 본래 김일성이 항일 투쟁 당시 겪었다는 일화를 지칭하는데, '고난의 행군 정신으로 이 위기를 이겨 나가자.'라는 구호가 나오며 이 시기를 지칭하게 되었다.

했으니까 뛰쳐나온 분들도 많거든요. 외국에 가서 우리나라를 좋게 이야기하지 않는 우리나라 사람들도 있을 텐데, 그 말만 듣고 우리나라의 사정을 이해하면 곤란하지 않겠어요? 언론 매체에서 북한의 실상을 편향적으로 과장하려는 면도 있고요.

그런데 문제는 정부의 통일 교육 지침 역시 그런 편향성이 있다는 겁니다. 〈통일 교육 지침서〉 자체는 조금 문제가 있어요. 가령 '대한민국의 발전과 통일의 역량' 부분을 보면 통일 역량이라는 주제를 다룰 때의 지도 방향으로 학생들한테 '우리나라는 짧은 기간에 민주화와 경제 발전을 성공적으로 이루어 낸 국가라는 자부심을 갖게 한다. 대한민국은 자유민주주의와 시장 경제 체제를 근간으로 발전을 이루었으며 이는 통일을 구축하는 데 기본적 토대가 된다는 것을 이해시킨다.'라고 이야기하고 있어요. 말하자면 우리가 우월하니까 불쌍한 북한을 잘 포용해야 된다는 식으로 접근하고 있는 거예요. 물론 "통일 교육 지도 방향에서 합의 도출의 역량을 배양시킨다."라거나 "북한 이탈 주민들을 배려하고 이해하며 함께 더불어 살아갈 수 있는 역량을 갖추어 나가야만 한다."라는 얘기도 있지만 기본적으로는 '우리는 경제도 세고, 민주주의도 잘 돼 있다. 그러니까 우리가 더 우월한 입장에서 북한을 잘 포용해야 된다.'라는 식으로 강조하고 있어요. 과거에 굉장히 유행했던 체제 경쟁적인 통일 교육의 잔재가 아직도 여기서 묻어나는 거죠.

김현희 다문화 시대가 오면서 반편견 교육이 중요하게 대두되고 있잖아요? 마찬가지로 북한 이탈 주민에 대한 이해를 제고시키는 게 중요한데, 사실 그러기가 쉽지 않잖아요. 우리가 북한을 주적[6]이라고 보는 시각 때문에 말이에요. 예를 들어 흔히 말하는 혼혈아 문제의 경우 우리가 그들을 존중하고 배려해서 공존하는 태도를 가져서 나쁠 것이 전혀 없잖아요. 그런데 북한의 경우는 이와 다르게 이중적인 의미에서 이해되고 있다는 겁니다. 즉 북한은 우리의 동포고 친구지만, 동시에 일차적으로 가장 경계해야 하는 적이라는 거죠. 적과 친구라는 이중적인 면이 동시에 존재하기 때문에 북한을 이해하고 존중하고 포용해야 한다는 것이 아이들 입장에선 참 어려울 수 있다는 생각이 들었어요. 그래서 반편견 교육을 실시할 때 북한 정권과 북한 주민을 분리시키면 좋지 않을까라는 생각을 했어요. 제가 2학년을 맡고 있는데, 교과서만으로는 북한에 대한 편견을 전혀 찾아볼 수 없어요. 그냥 정권이 서로 다르다고만 얘기하고 있고, 동질적인 부분에서 북한 문화, 예술, 민속놀이 등 가깝게 다가올 수 있는 것들을 최대한 객관적으로 보여 주려고 하고 있어요. 누가 더 좋고 나쁘다는 가치를 전혀 부여하

---

6 〈국방 백서〉에 따르면 대한민국의 주적은 '김일성, 김정일, 김정은의 김씨 3대 세습 체제를 지지하는 조선노동당을 중심으로 한 조선 인민주의 공산 정권과 북한군, 준군사 조직, 그리고 그에 동조하는 국내의 지원·동조 세력, 해외의 북한 정권 지원 세력'이다. 이에 대해 '다른 나라에서도 널리 사용하는 개념이 아니다', '국방은 어느 한 세력만을 대상으로 하는 것이 아니므로 불필요한 표현이다.' 등의 논란이 있었다. 사실 〈국방 백서〉의 주적 표현은 냉전기 내내 있었던 것이 아니고, 1994년 남북 대화에서 북측의 '서울 불바다 발언'을 계기로 처음 명시된 것이다. 이후 남북 화해 분위기를 타고 2004년에 삭제되지만, 남북 관계가 다시 냉각되면서 2014년에 부활했다.

고 있지 않은 거죠.

　그런데 문제는 그게 아니에요. 저는 나름대로 북한의 우수성을 찾고 싶었던 사람이라고 생각하거든요. 제가 아이들을 가르치면서 평양에 대한 동영상을 보았는데, 생각보다 평양이 꽤 괜찮더라고요. 동영상을 본 아이들도 모두 북한에 대해 "좋다."라고 얘기를 하는 거예요. 그런데 그 순간 제가 "저거 선전용이야."라고 해 버린 거예요. 저조차도 "북한이 못살고 낙후되고 경제적으로 아주 어렵고……." 이렇게 설명하고 있더라고요. 교과서는 중립을 지키려고 노력하고 있는데, 그걸 해석하고 가르치는 교사가 오히려 편견을 보이고 있다는 거죠. 그래서 편견 없이 북한에 대해 접근하는 게 참 어렵다는 생각이 들었어요. 편견 문제는 어쩌면 아이들이 아니라 선생님에게 존재하는 것 같아요.

이경아 북한 정권이 정말 폭력적인 공포 정치를 하는 이상한 독재 정권인 건 분명하지만, 동시에 그런 정권에 지배받고 있는 일반 주민들을 더 어리석고 불쌍하다고 생각할 것 같기도 해요. 가난하고 헐벗고 있는데도 김일성, 김정일, 김정은을 찬양하는 어리석은 사람들로 보기도 하는 거죠. 하지만 우리 체제를 강조한다든지, "북한 체제 또는 정권이 너무나 잘못 됐고, 북한 주민은 불쌍하다."라는 논리 자체도 편견을 심는 게 아닌가 하는 생각이 들어요.

박희나 제가 대학생 때 자유터 학교라는 탈북자 야학에서 영어를 가르쳤어요. 그때 노무현 대통령 탄핵으로 사회가 시끄러웠는데, 한 학생이 "남한 사람들은 배부르고 등 따신데 왜 지도자에 대한 존경심이 없나?"라고 질문을 하는 거예요. 자기들은 북한에서 살 때 김일성에 대한 존경심을 가졌었다는 거죠. 그 뒤에 김정일이 지도자가 되고 나서 배급이 끊기니까 '지도력이 차이가 난다.'라는 생각을 했었지만, 그래도 지도자에 대한 존경, 그리고 먹고 사는 것보다 더 중요한 정신이 있어서 버텼다는 말을 하더라고요. 저도 사실 그 전까지만 해도 이 사람들이 '어리석나? 생각 없이 사나?'라고 생각했는데, 각자의 생각이 다르지만 그래도 그 안에서 자기들이 생각하는 중요한 가치가 있어서 버텼구나 하는 생각이 들더라고요.

장세영 그런데 저는 오히려 상당히 무지했을 수도 있었겠다고 생각을 해요. 제가 만난 어떤 탈북자는 이십대 때까지 김일성이 축지법을 쓰고 있다는 것에 대해서 단 한 번도 의심을 해 본 적이 없었다고 하더라고요. 김일성이 성층권을 컨트롤할 수 있는 능력이 있다는 부분에 대해서 단 한 번의 의심을 한 적이 없었다는 거예요.

김현희 그건 북한 사람들이 무지해서가 아니라, 아주 어렸을 때부터 세뇌를 받았기 때문이겠죠. 북한의 잘못된 교육 결과를 가지고 북한 사람들을 모두 무지하다고 속단할 순 없어요.

박희나 제가 북한에서 대학을 다닌 탈북자분들께 들은 이야기로는,

아주 어릴 때는 몰라도 북한 사람들도 그런 게 거짓말이라는 걸 안대요. '혁명 력사'라고 해서 대학생 때도 줄줄 외우고 있어야 하지만, 허황되다는 걸 뻔히 안다는 거죠.

북한의 장단점을 어떻게 이야기할까?

양미정 학생은 물론 일반 사람들에게 북한의 장점을 찾아보라고 하면 대부분이 한참 고민하다가 "없다."라고 대답해요. 우리 반 학생들에게도 북한에게서 본받을 점이나 좋은 점을 찾아보라고 했더니 대부분의 학생들이 "모른다. 없다."라고 대답하더라고요. 제 생각에 이러한 현상은 우리가 북한을 경제적 기준으로만 평가하기 때문이라고 생각해요. 경제적 측면에서 북한이 남한에 비해 매우 열악하다 보니 북한을 "못살고, 더럽고, 나쁘다."라고 생각해요. 그런데 이게 우리가 자칫 경제와 도덕적 가치를 동일시하고 있기 때문은 아닌가라는 생각을 하게 되더라고요. 사실 못사는 건 나쁜 게 아니잖아요? 물론 세습 정치와 독재 정치의 문제점은 있지만, 그렇다고 북한 사람들의 삶 자체가 다 나쁘다고 할 수는 없잖습니까?

반대로 남한의 경우를 살펴보면 자본주의 발달로 경제 발달은 이루었지만, 이로 인해 발생되는 부작용, 예를 들면 빈익빈 부익부라던가 인간 경시 풍토 혹은 물질만능주의와 같은 문제점들이 많이 발생하고 있어요.

할규진 아주 어릴 때부터 스펙 쌓기 경쟁에 내몰려야 하고 말이죠.

양미정 그렇죠. 이에 비해 북한은 아직도 이웃 간의 정이 남아 있고, 사람에 대한 신뢰와 믿음이 있으며, 요즘 남한에서 문제가 되고 있는 왕따 문제도 없죠. 물론 완벽하지는 않지만 교육 정책에 있어서도 우리나라보다 의무 교육도 잘 돼 있고, 체육 활동이나 노작 교육[7]을 중시한다는 점도 어찌 보면 배울 점이라고 할 수 있습니다. 이렇듯 북한 나름의 좋은 부분들이 있음에도 불구하고, 북한에 대해 무조건 나쁘게만 보려는 편견이 깊이 박혀 있다고 생각해요. 저는 그 이유를 언론에서 찾고 싶어요. 우리가 뉴스나 인터넷에서 접하는 북한 관련 소식은 주로 핵무기, 장거리 미사일, 숙청, 굶주림과 같은 부정적 내용으로 구성되어 있다 보니까 학생은 물론 국민들이 북한을 제대로 이해하기엔 한계가 있어요. 반면 도덕 교과서에 나오는 통일 이야기는 한민족으로서 북한을 이해하고 통일을 위해 노력해야 한다는 식상한 이야기만 하고 있지요.

할규진 조금 부연하자면, 제 생각에는 초등학생들한테 쉽게 이해시킬 수 있는 북한의 장점을 설명할 때 이렇게 하면 재밌을 것 같아요. 인터넷에서 많이 나도는 말로, "한국에서는 질소를 사면 과자를 끼워

---

7 work-oriented education. 책상 앞에 앉아 머리로만 지식을 습득하는 교육이 아니라 야외에서, 몸을 쓰면서, 생활 속에서 학습하는 가운데 체득과 집단 활동의 체험을 추구하는 교육 방식.

줍니다."라고 하는데 북한에는 이런 문제가 없죠. 또 북한도 사람 사는 사회니까 왕따가 없진 않겠지만, 적어도 '노스페이스'라는 고가의 등산복을 못 사 입어서 왕따 당하는 일은 없을 거란 말이죠. 정치적으로 사람을 압박하고 세뇌시키고 그런 건 있을지 몰라도 물질주의적 문제는 별로 없다는 거죠. 그런데 만약에 흡수 통일이 된다면……. 북한이 종교처럼 믿고 있는 김일성에 대한 믿음이 없어지고, 그 자리에 돈에 대한 욕망이 들어선다면, 완전히 사회가 찢어져서 지금의 빈부 격차 문제는 문제도 아니게 되겠죠. 사실 지금 중국이나 베트남에 가 보면 그렇거든요. 그쪽은 공식적으로 사회주의를 놓은 것도 아니고, 정부의 권위가 막강한데도 사람들이 가면 갈수록 돈밖에 몰라요. 돈 번 사람은 더 벌려고만 하고, 못 버는 사람은 절망하죠. 좀 극단적으로 말하자면 극심한 빈곤으로 인해 사람들이 깊은 절망에 빠지고, 그 것이 심화되면 혹시 중동의 IS처럼 될지 어떻게 알겠어요. 그렇다면 그런 통일은 안 하는 게 낫겠죠. 그러니까 북한이 가지고 있는 장점이 라고 했을 경우에 앞서 말씀하신 정신적인 것들, 돈보다 사람을 보려 고 한다는 것들을 생각하면서 우리도 북한의 장점에 대해 존중할 뿐 만 아니라, 어느 정도 본받아야 할 필요가 있지 않은가를 생각해야겠 죠. 우리가 지금 물질적으로 이렇게 발전했지만 과연 행복하고 더 훌 륭한 사회에서 살고 있는 건가에 대해서는 깊게 생각해야 할 것 같아 요. 어쨌든 지금까지의 대화를 정리하면, 이경아 선생님의 발제 내용 은 한마디로 "통일 역량 강화는 북한 이해 교육을 강화하는 것이다." 라는 거라고 할 수 있지 않을까 싶네요.

김현희 제가 지금 북한 이해에 대한 얘기를 하려고 했는데 교수님께서 먼저 말씀을 하셨네요. 저는 이번 프로젝트를 준비하며, 북한 이해 교육이 매우 중요하다는 생각을 다시 한 번 했어요. 남한은 잘사니까 좋고, 북한은 못사니까 나쁘다고 하는 것은 사람의 가치관이 들어가 있는 거잖아요. 사람마다 무엇에 중요한 가치를 두느냐에 따라 달라질 수 있고요. 그래서 통일 준비 역량을 위해서는 남한과 북한 사회에 대해 객관적인 이해 교육이 필요하다고 생각해요. 그런 교육이 이루어지면 물론 저학년 아이들에게는 약간의 해석이 필요하겠지만 4·5·6학년, 특히 6학년 정도가 된다면 남북한에 대한 정보를 접했을 때 인터넷에 떠도는 자극적인 기사들을 걸러서 최대한 객관적으로 받아들일 수 있는 안목이 생기고, 동시에 북한에 대한 흥미도 가지게 될 거라고 생각해요. 하지만 우리 도덕 교과서는 결론을 너무 식상하게 드러낸다는 거죠. "북한도 좋은 게 있어. 그러니까 우리는 통일을 해야 돼." 이렇게 결론이 나는 순간 아이들은 재미를 느끼지 못하거든요. 사실 궁극의 목적이 여기에 있기는 하지만 그걸 좀 뒤로 하고 아이들이 제일 흥미 있어 하는 북한의 객관적인 모습들을 보여 주는 게 필요하다고 생각해요. 그들이 어떻게 살고 있는지, 만약 내가 북한에 있다면 어떤 모습으로 살고 있을지 상상을 해 보게 하는 거죠. 북한 이해 교육이 곧 통일 준비 역량을 강화할 수 있는 좋은 방법이 될 수 있어요. 바람직한 가치 교육도 물론 중요하지만 그냥 객관적인 정보를 제공하는 것 자체로도 흥미가 생길 수 있고, 또 편견 없이 다가갈 수 있지 않을까 하는 생각이 들었어요.

'초등학생 일베'를 방지하려면?

양미정 〈통일 교육 지침서〉에서도 북한에 대한 객관적인 이해를 강조하고 있어요. 그런데 객관적인 이해가 되기 위해서는 아까도 얘기한 것처럼 교육과 환경이 일치해야 한다고 생각하거든요. 예를 들어 학교에서는 학생에게 갈등 상황을 해결하기 위해서는 대화와 타협이 필요하다고 가르칩니다. 그런데 집에 갔더니 부모가 서로 고함지르고 폭력을 휘두르며 싸운다면 아이가 과연 학교에서 배운 내용을 기억하고 실천할 수 있을까요? 마찬가지로 통일 교육 또한 학교 안 통일 교육과 학교 밖 통일 교육의 내용이 일치하지 않는 것이 문제라고 생각해요. 아무리 통일 교육에서 북한에 대한 객관적 이해를 강조하더라도 생활 속에서 북한에 대한 부정적 시각이 바뀌지 않는 한, 참 어려운 문제라고 생각해요.

장세영 사실 저는 "북한의 현실이 상당히 안 좋다. 그리고 주민의 교육 수준은 신뢰가 안 된다."라고 했지만, 절대 북한이 나쁘다는 뜻으로 한 말은 아니었거든요. 그러니까 지금 양미정 선생님이랑 김현희 선생님께서 하신 말씀에 적극적으로 동의해요. 북한 이해를 위해서 아이들에게 객관적으로 실상을 보여 줘야 되는데 동질성 회복을 위한 차원에서나 북한의 좋은 점을 강조하기 위해서 나쁜 점을 일부러 가릴 필요가 있냐는 거죠. 객관적인 북한 이해라면 있는 사실 그대로를 모두 보여 줘야 하지 않을까 합니다. 그리고 '일베'에 젖어 있는 아이는 결국 어떤 교육을 하더라도 쉽게 변하지 않는다고 들었어요. 양미정 선생님이 말씀하셨던 것처럼 환경이 뒷받침되지 않기 때문에 교육을 하더라도 잘 안 된다는 거죠.

이경아 그러니까 '초등학생 일베'가 자꾸 생기지 않도록 다양성을 존중하고 인정하는 교육을 일찍부터 해서 올바른 판단을 할 수 있도록 도와줘야죠.

양미정 그런데 일베를 접하는 아이들이 어쩌다 '일베'를 접하고, 강한 편견을 가지게 되는지 알 수 있을까요?

이경아 제가 보기에는 맞벌이 가정이 많아 부모님이 돌보아 줄 시간이 없으니까 인터넷을 너무 많이 하기 때문인 것 같아요. 사실 아이들에게는 자극적인 것이 재미있지 객관적이고 중립적인 내용은 재미가 없잖아요. 어떤 것을 희화화 하고 자극적으로 과장해서 웃긴 것이 더 재미있죠. 제 생각에는 '일베'도 현실 도피와 같은 거라고 보는데, 현실에서 재미없는 걸 인터넷에서 충족하는 거라고 생각해요.

양미정 저는 그 편견이 인식 과정의 오류라고 생각해요. 현실과 이를 인식하는 과정 사이에서 왜곡의 과정을 거쳤겠죠. 따라서 저는 그 아이의 편견을 해소하기 위해서는 현실을 왜곡해서 받아들이는 인식 과정을 살펴볼 필요가 있을 것 같아요.

이경아 그런데 편견은 신념의 문제가 강하다고 했어요. 고정 관념은 내가 정말 오랫동안 그렇게 알고 있었지만 신념이 강하지 않기 때문에 다른 정보가 들어오면 새로운 정보에 맞게 바뀔 수 있는데 반해, 편견은 그렇게 믿고자 하는 신념이 강해서 새로운 정보에도 쉽게 바뀌지 않는다는 거죠.

장세영 그런데 한편으로는 초등학생 일베들이 이해도 되는 게, 인터넷 공간을 통해 특정인을 비난하고 공격하는 가운데서 인기가 올라갔을 것이고, 또 우월감을 느끼면서 자기만의 어떤 억눌린 감정을 해소해 왔을 수도 있거든요. 그러다 보니까 그 아이들은 좀 더 자극적이고, 좀 더 폭력적인 성향을 내보일수록 왜곡된 행복감이나 만족감을 얻게 되는 거죠. 그 아이들은 본인은 어떤 신념에 의해 '일베'를 했다고 주장할 수도 있겠지요. 하지만 제가 보기에 사실상 초등학생 수준에서는 신념이라기보다 무엇이 좋은 건지 나쁜 건지도 모르고, '일베'를 통해 한정된 공간이지만 역설적으로 매우 넓은 공간인 인터넷에서 자기 자존감을 세우고 싶어 하지 않았을까 하는 생각이 듭니다.

이경아 장세영 선생님은 제가 말씀드린 신념이라는 것을 오해한 것 같네요. 객관적인 증거를 제시해도 자신의 생각을 수정하기보다는 계속 그렇게 믿고 싶어 하는 신념, 그 마음이 편견의 속성 중에 하나라는 겁니다. 제가 말하고 싶은 것은 그 아이들이 인터넷을 많이 하다 보니까 자극적이고 재미있는 것에 익숙해져서 북한을 희화화하는 내용에 더 반응하는 것 같다는 거예요. 그렇기 때문에 남북한을 객관적으로 비교하려 하거나 애초에 깊이 생각하려고 하지 않는다는 거죠. 북한은 무조건 나쁘고, 수준이 낮고, 형편없다고 생각해 버려요.

그리고 그건 어떤 점에서 굳이 '일베'가 아니라도, 보통 초등학생들이나 우리 자신에게서도 나타나요. 북한에서 탈북한 사람들이 북한에서 살면서 그 사회의 가치관을 좋은 걸로 생각하면서 살아왔을 것인데, 한국에서는 그것이 좋은 가치관이 아니라고 평가하거든요. 남한 사회의 병폐는 생각하지 않고 북한 사회의 가치관에 대해서 어리석다고 생각한다는 거죠.

문화 이해지 내용 중에, 탈북 아동이 있는 교실에서 남한 아이들이 "선생님 언제 결혼하세요? 선생님 저희 국수 먹여 주세요. 노총각 되기 전에요." 이렇게 농담을 던지는 이야기가 있어요. 그런데 탈북 아이가 그런 아이들을 노려보고 있는 거예요. 이 내용에서 북한의 전반적인 상황을 생각해서 말한다면 북한에선 선생님을 굉장히 존경한다는 겁니다. 북한에서는 아직도 스승의 그림자도 밟지 않는 분위기가 강한 거예요. 탈북 아동 입장에선 "어디 선생님한테 저런 말을 할 수 있는 거지? 남한 애들은 왜 저렇게 말도 버릇없게 하고 행동도 버릇이 없을까?" 하고 노려본 것일 수도 있다는 거죠. 물론 단순히 본인이 좋아하는 선생님을 아이들이 놀리는 게 싫을 수도 있는 거겠지만요. 아무튼 북한에서는 우리가 생각하는 것보다 더 어른에 대한 공경심이 강하고, 또 그런 걸 자랑스럽게 생각하고 있다는 거죠.

또 문화 이해지에는 수건돌리기 이야기도 나옵니다. 남한 친구가 탈북 친구에게 "너 북한에서 왔지? 수건돌리기 모르지? 소풍 가면 해야 하니까 내가 가르쳐 줄게" 했더니, 북한 아이가 "나도 수건돌리기 안다, 뭐." 이러면서 화를 내면서 가 버렸다는 내용이 나와요. 수건돌리기는 북한에서도 많이 해 봐서 탈북 아이도 잘 알고 있어요. 그런데도 남한 아이가 "너 그거 할 줄 모르지? 내가 가르쳐 줄게" 이러면 탈북 아이 입장에서는 굉장히 자존심 상하는 일이에요. 우리가 북한을 대하는 태도도 이런 것 같아요. "당연히 모를 것이다. 너 이런 거 모르지? 너 당연히 이건 모를 거야." 이렇게 생각하거나 아니면 그 사람이 소중하게 생각하는 가치가 우리한테는 중요하지 않으니까 "야, 그건 아니야. 요즘 세상에 너의 가치는 잘못된 거야."라고 이렇게 우리 멋대로 판단하는 것은 아닌가 싶어요.

박희나 아까 편견과 신념에 대해 얘기하셨는데, 우리 통일 교육 강사들은 통일은 반드시 온다는 전제를 깔고 교육을 시작하는데, 제가 통일 교육을 했던 학급의 담임선생님들 중에는 '통일이 온다.'는 데에 동의를 하지 않는 분도 더러 계시더라고요. 저는 가끔 초등학교 선생님들에게 통일 교육에서 편견과 신념이 무엇이라고 생각하는지 질문하고 싶어요. 교과서에 나오는 예들은 선생님들이 쓴 거잖아요. 그러니까 학생들이 어떤 편견을 가지고 있는지 궁금한 게 아니라, 오히려 '선생님들이 이런 편견을 갖고 있었기 때문에 이런 식의 예들이 나오지 않았을까?'라는 생각을 합니다. 사실 우리 세대는 반공 교육을 많이 받은 세대잖아요. 정말로 교사들이 통일은 반드시 온다고 생각해야 통일 교육 문제를 발전시킬 수 있다고 생각해요.

<u>김현희</u> 제 생각에 통일은 반드시 온다고 생각하는 교사는 10%도 안 될 거예요. 그리고 또 하나의 문제는 아무리 〈통일 교육 지침서〉가 나오고 통일교육원 사이트에 좋은 자료들이 올라와도, 대부분의 교사는 관심이 없기 때문에 유용한 자료들이 빛을 보지 못한다는 거예요. 결국 교과서에 실린 내용이나 인터넷 사이트에 있는 동영상, 그리고 교사가 알고 있는 북한에 대한 정보가 통일 교육 자료의 전부라는 거죠. 교사가 편견 없이 '통일은 반드시 온다.'는 아니더라도 '와야 한다.'까지만 할 수 있어도, 통일 교육의 효과는 이전보다 훨씬 좋아질 텐데 말이죠. 어쩌면 문제는 교육 환경보다 교사들의 관심 부재가 더 클 거예요.

<u>장세영</u> 교사가 환경에 이미 영향을 너무 많이 받은 거죠.

<u>김현희</u> 네. 그렇죠. 그래서 교육은 교사의 질을 뛰어넘을 수 없는 것 같아요.

<u>박희나</u> 그런데 반편견 교육을 할 때 제일 중요한 것으로 "teachable moment, 개입할 수 있는 상황을 놓치지 마라."라던데, 통일부에서 매우 어려워하는 문제가 북한 이탈 주민 학생들이 일반 학교에 적응하지 못하는 거거든요. 일반 학교에 가서 말이죠. 담임선생님과의 관

계가 어려워서 대안학교로 전학 갔다는 이야기도 들었고요. 초등학생 연령의 탈북 학생 중에는 일반 학교에 입학할 때 반 친구들에게 자기 소개를 "나는 중국에서 이사 왔다."라고 하는 경우도 있었어요. 북한에서 왔다고 하면 질문을 너무 많이 하고 그러니까 말이죠. 전 그 부분에 대해서는 우려가 큽니다.

이경아 글쎄요. 제가 알기로는 담임 선생님과의 갈등은 탈북 학생들이 낙오하는 이유에서 큰 비중을 차지하지 않는데……. 아무튼 제 경험으로는 선생님들 사이에도 편견이 있는 것 같아요. 어떤 초등학교에 북한 이탈 주민인 스포츠 강사 선생님이 계셨거든요. 그 선생님은 다른 선생님들께 굉장히 예의바르고 일도 열심히 하셨는데, 여러 선생님들께서는 오히려 그 선생님이 일을 못한다고 재계약을 하지 말자고 하셨대요. 애들 줄도 제대로 못 세우고, 일이 서툴다면서요. 여기 오셔서 명문대도 졸업하셨고, 중등 교사 자격증도 있고, 남한에서 생활한 지도 오래되셨다고 해서 "그럼 충분히 자격이 있지 않느냐?"고 했더니 "명문대? 흥, 탈북자니까 특별 전형으로 우대 받아서 간 거지 그 사람 실력이겠어요?"라고들 하더라고요.

장세영 그 선생님들이 좀 이해가 안 되네요.

김현희 그런데 선생님들 입장에서는 수업을 못한다고 볼 수도 있을 것 같아요.

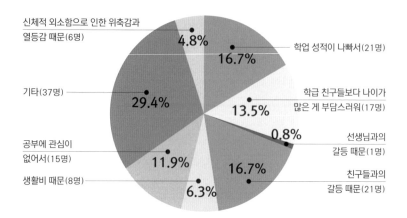

탈북 청소년의 학업 중단 이유

신체적 외소함으로 인한 위축감과 열등감 때문(6명) 4.8%

학업 성적이 나빠서(21명) 16.7%

기타(37명) 29.4%

학급 친구들보다 나이가 많은 게 부담스러워(17명) 13.5%

선생님과의 갈등 때문(1명) 0.8%

공부에 관심이 없어서(15명) 11.9%

친구들과의 갈등 때문(21명) 16.7%

생활비 때문(8명) 6.3%

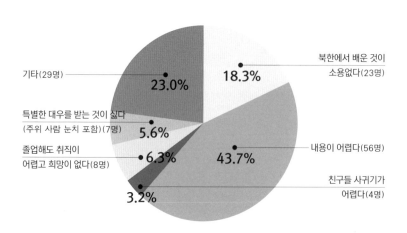

공부(중·고교, 검정고시 등)가 어려운 원인

기타(29명) 23.0%

북한에서 배운 것이 소용없다(23명) 18.3%

특별한 대우를 받는 것이 싫다 (주위 사람 눈치 포함)(7명) 5.6%

내용이 어렵다(56명) 43.7%

졸업해도 취직이 어렵고 희망이 없다(8명) 6.3%

친구들 사귀기가 어렵다(4명) 3.2%

북한인권정보센터, 2005년 탈북 청소년 126명 조사.

장세영 이경아 선생님은 본인 수업 때 봤을 거 아니에요. 스포츠 수업 때 정말 그 선생님이 제대로 못하던가요?

이경아 제가 수업할 때 열심히 도와주고, 친절하고, 애들을 다룰 때도 함부로 안 하고요. 그런데 북한에 대한 편견이 있었던 것이, 북한이라면 왠지 제식 교육을 잘해서 애들을 굉장히 군대식으로 다룰 것이라고 생각했는데, 오히려 그런 걸 못하더라고요. 오로지 애들의 말을 존중하면서 하나하나 다 들어 줬거든요. "너 이거 할 수 있겠니?" 하면서요.

장세영 그럼 좋은 선생님이잖아요.

이경아 도와주는 건 굉장히 잘 도와주고 근면 성실한데도 선생님들은 줄도 못 세우고, 애들을 못 잡는다고 평가하더라고요.

장세영 아니 그런데 애들을 못 잡아서 문제가 발생한 적이 있었어요? 학교 내에서요?

이경아 그 선생님이 말귀를 잘 못 알아듣는다고 하더라고요.

함규진 북한에서 왔으면 민주주의나 배려를 모르고 군대식으로 아이들을 대할 거라는 편견이 있는데, 실제로는 반대로 '애들을 못 잡아서' 눈총을 받은 거네요. 또 자세한 사정은 모르지만 '말귀를 못 알아

듣는다.'라는 평가는 왠지 권위주의적이고 배려심이 없는 사람들이 흔히 내리는 평가 같고요. 아이러니가 아닐 수 없습니다.

김현희 아까 이야기로 돌아가서, 안보 면에서는 주적이라고까지 하는 북한을 어떻게 동반자로 이해시킬 것인가? 쉽지 않은 문제에요. 아이들은 친구면 친구지, 적이면서 친구라는 것이 혼란스러운 거죠. 그래서 제 생각엔 적인 동시에 친구라는 개념을 아이들에게 좀 더 쉽게 이해시키기 위해서 북한 정권과 북한 주민을 이분화 할 수밖에 없지 않을까 해요. 우리에게 안보의 위협을 주는 존재는 북한 정권이지 북한 주민이 아니라는 거예요. 북한 주민은 추후 통일이 되면 우리와 같이 화해 협력을 이룰 친구라는 거죠. 이런 게 적인 동시에 친구라는 개념의 혼란을 줄이기 위한 좋은 방법이 아닐까요?

장세영 〈통일 교육 지침서〉에서도 그렇게 하라고 하죠. 김현희 선생님 말씀도 공감이 됩니다. 결국 북한 정권과 북한 주민을 분리시켜서 교육하는 게 우리가 해야 될 일이 아닌가 하는 생각이 들어요. 하지만 주적이라는 말은 조금 아니지 싶어요. 북한 정권이 잘못을 한 게 맞고, 그들이 지금 독재를 하고 있고, 수시로 우리를 공격을 하고 있는 것이 맞더라도 전체적인 안보 개념으로 봤을 때는 방어의 개념으로 가야 되지 않나 하는 거죠. 왜냐하면 주적이라고 설정해 버리면, "우리가 북한 정권을 군사적으로 공격을 해도 된다."라는 논리적 근거의 발판이 될 수도 있기 때문이죠.

3장

'민주주의'는 '반공'의 동의어가 아니다

'민주주의'는 '반공'의 동의어가 아니다

함규진 서울교육대학교 윤리교육과 교수

안녕하세요. 함규진입니다.

우선 통일과 민주주의가 어떻게 관련되는가에 관해 살펴보겠습니다. 헌법 전문에서는 '평화적 통일의 사명'을 언급하면서, '자유민주주의적 기본 질서를 더욱 확고히 한다.'라고 말하고 있습니다. 그리고 헌법 제4조에서는 '대한민국은 통일을 지향하며 자유민주적 기본 질서에 입각한 평화적 통일 정책을 수립하고 이를 추진한다.'라고 하고 있습니다. 이렇게 자유민주주의 얘기가 계속 나오는데, 이걸 보면 "와! 우리나라 헌법에서부터 일단 북한 이념을 차단하고 있구나." 이렇게도 생각할 수 있죠. 그런데 과연 자유민주주의적 기본 질서란 무엇일까요? 어떻게 보면 사회주의도 하나의 이념으로서 인정하고, 그들이 국민 다수의 지지를 받으면 집권할 수 있는 것이 자유민주적 기본 질서 아니겠습니까? 하지만 우리는 자유민주주의를 철저한 반공 이념으로서 이해하고 있죠. 뭐 약간 불그스름한 것이 보이기만 해도 가차 없이 "때려잡아야만 한다. 안 그랬다가는 다 무너진다." 그런 식으로 말이죠. 어찌됐든 통일 교육 지원법 제2조, 제3조에도 이렇게 자유민주주의가 다시 한 번 강조되고 있습니다.

〈통일 교육 지침서〉에서는 통일 교육의 목표 세 가지를 제시하고 있는데 그중 하나는 '통일 교육에서는 자유민주적 가치와 공동체 의식이 상호 조화롭게 이룰 수 있는 미래지향적 통일관을 제시하여야 한다.'라고 이야기하고 있습니다. 즉 자유민주주의적 가치를 가진 통일이 되어야 한다고 나와 있습니다. 그런데 통일 교육의 주안점에서는 '자유민주주의적 가치에 대한 확신 및 민주 시민 의식의 함양'을 이야기하면서 통일 교육과 민주 시민 의식 함양이 무슨 관련이 있느냐에 대해서 다음과 같이 설명을 하고 있습니다. 우리가 구상하는 통일의 미래상은 '민족 구성원 모두가 주인이 되고, 구성원 개개인의 자유와 복지, 존엄성이 보장되는 자유민주주의 국가이다. 이를 실현하기 위해서 학교에서 통일 교육은 자유와 인권, 복지, 민주주의와 시장 경제 등 보편적 가치를 폭넓게 다루어야 한다. 따라서 단순히 정부의 영토를 비교하는 수준을 넘어 국민들의 생활 방식으로서의 자유민주주의 가치를 깨닫게 하고, 이를 기초로 민주적 의사 결정과 문제 해결 능력, 민주주의 원칙과 절차에 따른, 행동할 수 있는 능력을 통합적으로 갖도록 해야 한다.' 그래서 국민이 민주주의를 심화시키든가 혹은 우리가 좀 더 한 단계 높은 민주주의 사회로 나아가는 것이 곧 통일의 과정이라는 개념이 여기서는 나옵니다.

두 번째로 현행 통일 교육 과정에서 민주 시민 의식 함양 문제를 살펴 보겠습니다. 〈통일 교육 지침서〉만 봤을 때 민주 시민 의식의 함양이라는 과제는 중학교 이후부터 나옵니다. 그리고 중학교의 민주 시민 의식의 함양이라는 것도 소위 '광복 이후 대한민국 정부 수립 과정과 자유민주주의를 바탕으로 경제 성장과 더불어 우리 정부의 통일을 위한 직업적 노력들을 이해시킨다.'라고 자화자찬을 하고 있습니다. 고등학교 과정의 '6·25 전쟁의 원인과 과정 탐구, 시민 연대 및 자유민주주의의 발전 과정, 산업 발전, 경제 발전의 성과' 역시 체제 경쟁적인 차원에서 우리가 우월하다는 것을 나타내는 대목입니다. 창의적 체험 학습 및 콘텐츠 소개가 있고, 4~6 과정에서 '북한은 민주주의 국가인가?'라는 콘텐츠가 포함되어 있는데, 이것 역시 체제 경쟁적 의미의 콘텐츠로 이루어집니다. 다만 '통일을 위한 과제'에서는 다른 관점이 보입니다. '자유민주주의 가치와 민주 시민 의식을 더욱 성숙시켜야 한다. 성숙한 민주주의 사회는 사회 구성원들이 자신들의 권리만큼이나 사회적 책임감을 자각하고 타인의 권리를 존중한다. 통일 한국으로의 출발점은 사회 구성원 간의 차이를 서로 존중하고 민주적 의사소통을 통해 갈등을 해결해 나가는 민주주의 실천으로부터 비롯된다고 할 수 있다. 우리 사회의 현안들조차도 대화와 타협을 통해 평화적으로 풀지 못한다면 남북한의 차이를 극복해야 될 통일의 과제는 더욱 성공하기 어렵다.'라고 이야기하고 있습니다. 즉 '대한민국 내에 여러 가지 사회적 문제점들이 있고, 민주주의가 덜 성숙한 부분들이 있는데 이것을 잘 성숙시켜야지 우리가 통일에 대비할 수가 있다.'라는 문제의식이 나와 있습니다. 그래서 '한국 사회에서 민주주의 심화와 여러 사회 문제를 해결하는 것이 통일 과정에서의 요건'이라는 관점이 제시되어 있습니다.

세 번째로 현행 통일 교육을 살펴 보면 '학교 중심 교육, 정부 중심 교육'입니다. 그런데 여러분들도 아시겠지만 독일 민주 시민 교육 같은 경우는 그렇지 않거든요. 연방 정부에서는 아무것도 안 하고, 주 정부 차원에서 그것도 거의 지침만 내려 주게 되어 있습니다. 대부분의 경우 학교에서도 자율적으로 운영하고 있고 또 사회 민간단체에서도 상당히 자율적으로 운영되고 있습니다. 그래서 통일 교육에 다양한 스펙트럼이 반영되죠. 극우적인 교육이 있을 수 있는가 하면, 극좌적인 교육도 있을 수 있습니다. 우리처럼 정부 주도의 학교 교육으로만 통일 교육을 하는 건 분명 다시 생각해 봐야 할 문제입니다. 물론 통일 교육 지원법에 따라 민간단체에서도 교육을 할 수 있게 되어 있습니다만, 대부분의 경우 정부에서 교육 비용은 물론 커리큘럼까지 제공받고 있습니다. 그렇기 때문에 사실상 정부 주도의 학교 교육이 통일 교육의 거의 전부라고 볼 수 있습니다. 이런 식의 통일 교육은 상당히 스펙트럼이 좁을 수밖에 없습니다. 게다가 통일 교육 지원법 제11조에 보면 "통일부 장관은 통일 교육을 하는 자가 자유민주주의적 기본 질서를 침해하는 내용으로 통일 교육을 하였을 때는 수사 기관 등에 고발하여야 한다."라고 명시하고 있습니다. 지난번에 논의된 것 같이 '북한의 좋은 점을 찾아서 교육'했을 때, 자칫하면 국가 보안법만이 아니라 통일 교육 지원법에 따라서도 처벌받을 가능성이 있다는 것입니다.

인격과 사회성이 형성되는 시기는 초등학교 학령입니다. 그런데 우리의 현실은 학생들의 하루가 학교를 마친 후에 학원 가고, 학원 다녀온 후에 학습지 풀고, 거의 이렇게 채워져 있습니다. 학교가 공동체 의식을 함양하고, 공적 문제에 대한 관심을 익히는 장이어야 하는데, 현실은 경쟁이 횡행하고 있죠. 민주주의는 주인 의식이 가장 중요하다고 생각합니다. 이 사회는 내가 주도해서 바꿀 수 있는 사회이고 공적인 문제에 관심을 갖고 참여해야 된다는 생각이 바로 민주 시민 의식입니다. 하지만 그 공적 의식을 함양해야 하는 공간을 사적인 상황, 즉 가정에서의 상황과 일반 사회에서의 상황으로 인해 아동들이 거의 접하지 못하는 것이 우리의 현실입니다.

이런 가운데 대한민국 국민이 소시민적 기회주의 외에 민주 시민 의식과 통일 의식을 함양할 가능성은 희박해지고 있습니다. 결국 우리 사회의 문제는 공공 의식이 희박하다는 것입니다. 그리고 그것은 오로지 돈 버는 일에만 모든 힘을 쏟아붓는 데서 시작합니다. 철저하게 이기적인 인간으로 매몰되는 세상을 우리가 살고 있고, 우리 자손들한테도 물려주고 있는 셈입니다. 그렇기 때문에 저는 민주 시민 의식과 통일 의식을 동시에 함양시켜야 된다고 봅니다. 그리고 통일 의식을 함양하는 과정에서 민주 시민 의식을 일으켜야 된다고 생각합니다. 독일·미국 등의 예에 따라 사회 교육 과정에서 통일 교육을 대폭 활성화 해야 하며, 국가 전복이나 폭력 행동을 추구하는 경우가 아닌 이상 다양한 스펙트럼을 갖는 통일 교육이 진행되도록 해야 된다고 생각합니다. 민주주의를 교육하는 과정 자체가 활성화되고 다원화될 때 민주주의 자체가 증진될 수 있습니다.

또한 '남한은 민주주의고, 북한은 공산주의'라는 식으로 양분하여 북한을 이질적일 뿐만 아니라 열등하고 야만적인 체제로 비하하는 인식을 심는 교육을 지양해야 합니다. 남북한 모두 미완성의 민주주의라는 점에서는 같습니다. 남북한 모두 수난의 근대사를 통해서 민주주의의 왜곡을 경험했고, 민주주의에 대한 열망은 있었지만 그것을 제대로 완성하지는 못했다고 생각해야 된다는 것입니다. 그리고 정부는 공교육을 정상화 해 공공 의식을 함양할 수 있는, 그리하여 민주 시민 의식과 통일 의식을 키워 갈 수 있는 장이 되게끔 배려하고 지원해야 합니다. 민주주의가 여당이나 야당 중 누구를 선택할 것이냐에 그치는 것이 아니라 스스로의 선의지에 따라 서로의 모순과 문제점을 해결할 수 있는 살아 있는 원칙으로 인식되어야 합니다. 이를 위해서는 초등학교 수준에서부터 착실한 민주 시민 교육을 실시해야 되며 그 시작이자 끝에 착실한 통일 교육이 있어야 한다고 생각합니다.

◇◇◇◇◇◇◇◇◇◇◇◇◇◇◇◇◇◇◇◇◇◇◇

남북한의 '이상한 민주주의'

김현희 발제에 중학교에는 민주 시민 의식 함양이 나와 있고 초등학교에는 빠져 있다고 하셔서 2009 개정 사회과 교육 과정을 찾아봤어요. 정말로 민주 시민의 자질 함양은 중학교 목표에 들어가 있는데 초등에서는 민주 시민 대신 일반 사회 영역, 5·6학년에서 우리나라 민주 정치만을 다루고 있어요. 민주 정치의 발전 과정, 민주주의 이념 원리 그리고 시민이 어떻게 정치에 참여하는지, 민주주의 선거, 지방 자치 제도 정도를 다루고 있어요. 민주 시민 의식이나 민주 시민의 자질, 이런 부분은 초등학교에서 먼저 다뤄 주면 좋을 텐데, 안타깝네요.

함규진 앞뒤가 바뀌어야 돼요. 제도 같은 건 나중에 배워도 충분하거든요.

김현희 네, 민주 정치 전에 민주 시민 의식을 먼저 배워야죠.

함규진 요즘은 얼마 전까지만 해도 당연시되던 초등학교 반장 선거나 전체 회장 선거도 없애는 분위기래요. 학부모의 지나친 관심 때문에 과열될 수 있어서 부작용이 심하다는 것이 이유라는데. 그게 문제이기는 하죠. 하지만 어느 정도의 부작용을 감수하고라도 어릴 때부터 공공의 문제를 놓고 고민하고 토론하는 기회를 많이 가져 보는 게 좋지 않습니까? 초등학생이라 해도 공동체의 자치권을 보장하는 게 민주주의에 맞기도 하고요. 제가 아는 선생님은 창의적 체험 활동 시간을 이용해 학급 재판을 시행해 봤답니다. 선생님은 관여하지 않고 학급 자치 규정을 어긴 급우를 어떻게 할 것인지를 학생들끼리 재판하는 것인데, 이를 통해 공공선에 대해 생각하게 되고 어떤 것이 정의냐를 자유로운 토론을 통해 익힐 수 있어서 좋았다고 합니다.

장세영 사회 문화나 사회 구조 자체가 국민이 주인 의식을 가지기에는 너무나 수직적인 구조로 강하게 자리 잡고 있는 게 아닌가 하는 생각이 들어요. 대표적으로 갑질 문화 같은 것이 있겠고, 조직 자체가 관료주의적인 제도로 자리 잡혀 있는 공기관이나 학교는 더욱더 그런 색깔이 강하죠. 교사가 자신이 학교의 주인이라는 생각을 가지고 교육을 주도할 수 있어야 되지만, 사실 학교 현장은 수직적인 구조 속에서 소통이 어려운 부분이 있고, 학교의 요구에 맞추어 교육을 해야 하는 분위기가 있어요. 그런 사회 문화나 구조 속에서 과연 아이들에게 "네가 우리 사회의 주인이고 네가 세상을 바꿀 수 있다."라고 말하는 자체가 어떻게 보면 난센스고 아이러니라는 거죠. 사회 전반적으로 의식이 개혁되고 변화가 있지 않는 이상, 교육만으로는 힘든 부분이 있지 않을까라는 생각도 많이 들더라고요.

함규진 결국 "닭이 먼저냐 달걀이 먼저냐?"인데, 그래도 초등 수준에서부터 교육이 시작되면 차차 변하지 않겠습니까? 그런데 어떻게 보면 가장 힘든 게 교사죠. 왜냐면 권위주의적인 부모의 경우 교사가 민주적으로 교육을 시키면 "너희 선생은 왜 그래. 빨갱이야?" 그렇게 반응이 나올 수도 있는 거고요. 그래도 어릴 때부터 민주 시민 의식이 형성되지 않는다면, 나중에 가서 제도와 권리를 배운다고 해서 남아 있을까요? 단순히 머릿속의 지식으로만 끝날 것 같아요.

이경아 해방되고 난 다음에 자유민주주의 사조가 들어왔을 때 "자유민주주의가 뭐냐?" 그러면 뺨을 짝 때리고 "왜 그러냐?" 항의하면, "내 자유다. 이게 자유민주주의다."라고 했다는 농담이 있었잖아요. 많은 시간이 흘렀어도 민주주의가 뭔지 잘 모르는 것 같다는 생각이 들어요. 6학년 학생들한테 민주주의에 대해 물으면 "과반수가 찬성하면 그게 민주주의잖아요."라고 대답하는 경우가 많아요. 다수의 의견을 따르는 것만이 민주주의는 아니고 소수의 의견을 존중하는 것도 분명히 있는데 말이죠. 지금 우리가 민주주의를 제대로 알고 가르치나 하는 의문이 들어요.

할규진 우리는 선거만 민주주의로 생각하죠. 선거권이 주어지면 민주주의고, 선거권이 없으면 민주주의가 아니고……. 이런 식으로 대충 이해하다 보니까 북한은 민주주의가 아니고, 우린 민주주의라고 생각하고 있는 거예요. 그런데 북한은 우리보다 공공 의식이 굉장히 강해요. 우리는 사적인 것들로 머리가 거의 꽉 차 있는 반면에 북한은 공적인 영역이 굉장히 강하게 들어가 있어요. 그래서 그런 면에서 보면 북한이 소위 인성 교육이 잘 되어 있는 것처럼 보인다는 거죠. 그것이 결국 수령 체제에서 독재를 위해서 복무하도록 만들어진 건지는 모르겠지만요.

양미정 그러면 결국 북한도 민주주의라고 해야 하나요?

<u>할규진</u> 아주 어려운 이야기죠. 하지만 제 생각에는 북한도 민주주의라고 봅니다. 정치학적으로 볼 때 민주주의에는 최소 민주 개념이 있는데, 엘리트를 대중의 손으로 교체할 수 있다는 차원에서 이야기됩니다. 그렇게 보면 북한은 분명 민주주의가 아니죠. 그런데도 어떻게 민주주의냐면 북한도 국민한테 주권이 있다고 말하고 있거든요. 법적으로는 최고 통치 권력이 김정은이 아니라 인민위원회에 있고요. 물론 김씨 일가에 대한 신격화가 분명히 있고, 백두혈통 얘기도 나옵니다만, 어쨌든 "우리 인민들이 나라를 만들었고, 인민이 이를 끌고 나간다."라는 식으로 이야기하고 있어요. 다만 북한은 그런 부분에 대해 지도자가 가지는 역할을 엄청나게 크게 강조하고 있을 뿐인 거죠. 그러니까 상당히 문제가 많지만, 어쨌든 민주주의로 볼 수도 있다는 겁니다. 굉장히 문제가 많은 민주주의이지만, 북한이 지도자에 대한 신성함을 강화할 수밖에 없었던 과정이 있었다는 것도 보아야 한다고 생각을 합니다. 많은 부분이 분단의 폐해이기도 하고요. 우리도 박정희, 전두환 시대를 거치면서 이상한 민주주의를 했는데, 그것도 우리의 사정상 어쩔 수 없는 부분이 있었다고 생각할 수 있는 거잖아요.

<u>김현희</u> 북한 헌법에 보면 공민의 권리와 의무에 대해 "하나는 전체를 위하여, 전체는 하나를 위하여."라는 문구가 있어요. 어디서 많이 들어 보셨죠? 『삼총사』에 나오는 "All for one, and one for all." 북한 자료 센터에서 우연히 읽게 된 북한 책에 『삼총사』에서 나왔던 내용이 있어서 깜짝 놀랐던 기억이 있어요. 북한의 공동체성이 강한 이유

북한의 '사회주의헌법절'(12월 27일) 기념식.
'진정한 인민의 나라'와 '수령님은 건국의 아버지'라는 표현이 나란히 보인다.

는 아마도 사상 교육의 결과가 아닐까 싶어요. 하지만 "전체를 위한 하나가 무엇이냐?"에 대해서 아쉬움이 남아요. 북한의 이러한 세뇌 교육 때문에 북한 주민들이 다양한 생각을 할 수가 없고, 그 하나를 위해 개인이 희생하는 것을 당연하다고 받아들이게 되겠죠.

할규진 어려운 문제인지는 모르지만 자발적으로 그런 쪽으로 갈 수 있도록 하는 게 가장 이상적이겠죠. 특정 정권이나 개인을 위해서가 아니라.

김현희 그런데 우리가 원하는 공동체성은 이렇게 "하나가 전체고 전체가 하나."인 공동체성이 아니라, 민주 시민 의식을 바탕으로 한 공동체성이잖아요. 개인의 이익을 추구하지만, 공공의 이익도 중요하게 생각하는 성숙한 시민 의식이요. 지금 우리의 민주 시민 의식 그리고 민주주의의 모습에 많은 부족함이 있지만, 과거에 비하면 꾸준하게 성장해 왔기 때문에 앞으로 조금씩 더 발전될 수 있을 거라 기대해요. 어쩌면 희망적으로 믿고 싶은 거죠. 적어도 북한보다는 우리가 더 나은 민주주의를 실현하고 있으니까요.

민주 시민 의식의 침식과 낮은 통일 의식

할규진 인본주의 심리학에서는 욕구 단계에 대해 이렇게 이야기해요. 처음에는 생존의 욕구만 있는데, 그게 충족이 되면 그 다음에 권력 욕구가 생기고, 권력 욕구가 충족되면 무슨 명예욕이 생기고……, 그래서 맨 마지막에는 자아 실현의 욕구가 생긴다는 것입니다. 그걸 원용해서 잉글하트는 정치가 처음에는 계급 정치, 그러니까 "누가 더 이익을 챙기느냐?"만 가지고 싸우다가 어느 정도 충족되고 나면 가장 큰 대의명분, 인간의 자유 보장, 인권, 전 세계의 평화, 환경 개선과 같은 쪽으로 의제가 쏠린다는 거예요. 말하자면 잘 먹고 잘살다 보면 웬만큼 문제가 해결되고, 그러다 보면 저절로 공공 의식이 자라나서 민주 시민 의식이 넘치는 사회가 된다는 거죠.

이경아 글쎄요. 과연 그렇게 될까요? 아이들끼리 왕따 문제에 대해 학급 회의 하는 것을 가만히 앉아서 들어 봤는데, 토의 과정에서는 좋은 의견들이 많이 나오다가 실천 과제를 정할 때는 재미있거나, 하기 쉽거나, 본인들에게 이익이 되는 의견에 몰표가 나오더라고요. 예를 들면 보드 게임을 하자고 실천 사항이 나와서 물어보니 보드 게임을 열심히 하면, 나중에 다 친해진다는 거예요. 성인들도 마찬가지인 것 같아요. 공정한 사회를 위해서, 그리고 약자를 돕기 위해서 세금을 올리는 것에는 대부분 반대하잖아요. 나에게 이득이 되는 공약을 보고 투표하는 경향이 강해지는 것 같고요. "누가 더 복지 혜택을 주느냐? 누가 나한테 빵을 한 입을 더 주느냐?"로 정하는 것이 과연 민주주의인가 하는 생각이 들어요.

장세영 공익을 생각하기에는 우리 사회의 상황이 너무 힘들잖아요. 양극화가 너무 많이 진행되었고, 특히 젊은 층에게는 취업 문제가 매우 심각한 문제가 되었고요. 현재 이 사회가 공익을 생각할 수 있는 방향으로 갈 수 없는 상황이라는 거죠. 그리고 부유층은 더욱 더 자기 걸 챙기려고 하는 상황으로 가고 있는 것 같고요.

함규진 어떻게 될지는 이제 좀 더 살아 보면 알겠죠. 잘 정리되어서 성숙한 시민 의식이 만들어질 건지, 아니면 거꾸로 갈 건지……. 어느 누가 이런 상황에 대해서 풍자를 했더라고요. "오십 년 전에도 먹고사니즘이고, 21세기에도 먹고사니즘이고, 어떻게 다 똑같이 먹고사니즘이 계속 되냐? 민주주의고 뭐고 그런 거는 나중에 생각하고 일단 먹고살고 보자. 이런 이야기가 왜 계속 나오냐? 지겹다."

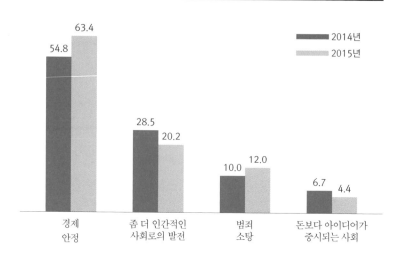

향후 10년 한국 사회의 중요한 목표

	2014년	2015년
경제 안정	54.8	63.4
좀 더 인간적인 사회로의 발전	28.5	20.2
범죄 소탕	10.0	12.0
돈보다 아이디어가 중시되는 사회	6.7	4.4

통일연구원의 〈2015 남북통합에 대한 국민의식조사〉에 나타난 현재 한국인의 가치관.
물질주의가 두드러질 뿐 아니라 갈수록 그 정도가 높아짐을 보여 준다.
통일연구원 해당 보고서 25쪽 인용.

장세영 안타깝네요. 하지만 그게 현실 같아요.

김현희 지금 사회적인 현실이 그렇기 때문에 우리 아이들이 앞으로
살 시대만큼은 그러면 안 되잖아요. 그래서 교실 안에서 민주 시민 의
식을 우리가 키워 주기 위한 교육이 더 중요해요. 사실 민주 시민 의
식을 키워 주기 위해서는 교과 교육 과정뿐만 아니라 교사의 마인드
와 학급 경영 방법 등이 변해야 해요. 아이들과 함께 지금의 사회 모
습에 대해서 비판할 것은 비판을 하고, 더 높은 차원의 민주주의를 위

해 무엇을 할지 생각해야죠.

그리고 이경아 선생님이 말했던 학생들처럼 보드 게임을 하자고 한다면 한 번 해 보는 거죠. 경험해 보고 나서 아이들이 스스로 느끼게 하는 거예요. 다들 뻔히 알 거란 말이에요. 보드 게임을 하면 놀고 싶은 애들이랑 또 놀고, 소외된 아이들은 그대로 소외되잖아요. 그런 것들을 경험해 보게 하면, 개인의 편리함만을 추구해서는 사회 문제를 해결하는 데 아무런 효과가 없다는 것을 깨닫게 될 거예요. 한순간에 큰 깨달음이 일어나진 않겠지만, 이러한 학급 경영 방법이나 수업 방법 하나하나가 모이고 쌓인다면 우리 사회에도 천천히 변화가 시작되지 않을까요?

함규진 어쨌든 간에 민주 시민 의식이 자꾸 침식되니까 통일 의식이 낮은 것이 아닐까요? 기본적으로 "통일이 나하고 무슨 상관이 있느냐? 통일이 되면 장기적으로 나라가 발전할지 모르겠지만 당장은 세금을 많이 내야 하고, 북한 사람들하고 같이 살아야 하는데 위험하고, 더럽고, 나에게 불이익을 주는 것 아니냐?"라고 생각하니 통일 의식이 낮을 수밖에 없지 않을까 하는 생각이 들어요. 그래서 통일 교육을 민주 시민 의식을 강화하는 시발점으로 삼자는 거예요. 예를 들어 어린 학생들과 빈부 격차 문제를 어떻게 해결해야 할지 또는 학력주의나 학벌주의를 어떻게 없애면 좋을지에 관해 얘기해 봤자 논의가 되지 않잖아요. 그런데 통일 문제는 자연스럽게 공적인 문제에 대해서 아이들이 상상력을 동원할 수 있는 계기가 될 수 있어요. 그런 차원에서 초등학교에서부터 통일 교육을 제대로 하는 것이 의미가 있지 않느냐는 말입니다.

박희나 제가 쓴 논문 중 한 부분이 진로 교육에 관한 건데, 사실 진로는 개인의 문제잖아요. 공적인 영역과 충돌하는 부분도 있고요. 그래서 또 그 부분에 대해 알아 보려고 민주 시민 교육을 찾아보았는데, '초등학생들을 민주 시민이라고 볼 수 있나?'라는 생각이 들었어요. 많은 교사나 학자들이 민주 시민이라고 말할 수는 있다고 해요. 그런데 제목은 기억나지 않지만 어느 논문에선가, 민주 시민 의식을 함양하려면 12세 이전에 해야 된대요. 12세 이후에는 자기 논리가 강하기 때문에 그 전에 하는 것이 효과가 좋다는 거죠.

이경아 4학년과 6학년을 가르쳤던 경험에 비추어 보면, 정신적인 부분, 심정적·감정적 부분을 4학년은 받아들이는 경우가 많은데, 6학년 아이들은 잘 받아들이지 못해요. 그래서 "이래서 모두 다 조기 교육을 해야 한다고 하는구나. 이래서 자기 교과나 주제를 저학년에 넣으려고 서로 싸우는구나!" 하는 생각이 들었어요. 조기 교육을 해야 할 게 너무나 많아요.

양미정 어렸을 때 해야 효과가 높으니까요.

민주 시민 의식과 교사의 역할

양미정 아까 함 교수님께서 민주 시민 의식이 주인 의식이라고 하셨는데, 저는 주인 의식을 공동체 의식이라고 생각해요. 어떤 한 사람이 자기가 속한 공동체에서 주인 의식을 갖고 살아간다는 것은 자신이 속한 공동체를 아끼고 사랑한다는 것을 의미하는 것이라고 생각하거든요. 그런데 제가 학급을 경영하면서 느낀 건 학생들의 주인 의식은 공동체 구성원 모두가 서로 배려하고 존중하는 문화가 형성되었을 때 가능하다는 것이었어요. 그래서 저는 민주 시민 의식은 서로에 대한 배려와 존중이 바탕이 될 때 가능하다고 생각해요. 하지만 민주 시민 의식은 말 그대로 의식이잖아요. 의식은 한두 번 듣고 이해한다고 가능한 것이 아니라, 꾸준한 실천과 노력이 바탕이 될 때 형성 가능하다고 생각해요. 따라서 무엇보다 초등학생들이 민주 시민 의식을 함양하기 위해서는 그것을 생활화하려는 노력이 필요하겠지요. 초등학교의 경우 많은 시간을 담임 교사와 함께하고 있기 때문에 아이들에게 민주 시민 의식 함양의 롤 모델은 담임 교사예요. 때문에 저는 초등학생의 경우 민주 시민 의식 함양에 있어 교사의 역할이 무척 중요하다고 생각해요.

장세영 거기에 대해서 정말로 많이 공감을 하지만, 스스로 돌이켜 봤을 때 우리 교사들의 민주 시민 의식이 어떤가 하는 의문이 들어요.

김현희 일단 교사의 열의가 있어야 될 것 같아요. 민주적으로 학급을 운영하는 건 굉장한 열정과 인내가 필요한 일이에요. 학급 인원수를 줄이면 조금은 더 수월해질 것도 같지만요.

양미정 외적 조건이 바뀌는 데는 시간이 걸려요. 그러니까 저는 우선 우리가 할 수 있는 일부터 시작했으면 좋겠어요. 그런데 우리 교사들 스스로 교육 내용과 자신의 행동이 일치하지 않는 경우가 종종 있어요. 예를 들어 두 명의 아이가 서로 싸워 교사에게 왔을 때 교사 또한 소리를 지른다거나 폭력적인 언어를 구사하곤 하죠. 또는 도서관에서 책을 고르며 떠드는 아이에게 큰 소리로 "조용히 해!"라며 지시하지요. 이처럼 행동이 일치하지 않는 교육은 효과가 없는 것 같아요. 학생들의 민주 시민 의식을 형성시키기 위해서는 우선 교사의 행동 속에 민주 시민 의식이 녹아 있어야 한다고 생각해요.

박희나 교사분들 뽑을 때부터 그 조건을 갖춘 사람들로만 뽑으면 좋을 텐데······.

김현희 하지만 인성 요소란 잘 드러나질 않잖아요.

함규진 교대에서도 최대한 인성 요소를 검증해서 뽑으려고 합니다만, 어려운 일이죠. 아주 가끔이지만 인성에 문제가 많은 학생이 들어오는 경우도 있어요.

김현희 환경이나 여건을 탓하지 말라고 하지만, 현실을 탓하지 않을 수가 없어요. 처음에는 누구나 열의를 가지고 시행착오도 겪으며 민주적인 학급 경영을 하죠. 제 개인의 경험을 비추어 봤을 때, 학교와 학급 구성의 환경이나 여건에 따라 다양한 학급 경영을 하게 되더라고요. 어느 해는 과도한 업무 때문에 권위적인 학급 경영을 한 때도 있고, 아무리 해도 변하지 않는 아이들이 있거나 신뢰하지 않는 학부모가 있을 경우 방임을 하기도 하고, 또 민주적인 학급 경영을 했을 때도 있거든요. 교사의 열정과 철학은 당연히 있어야 하는 거지만, 더불어서 외부적인 환경도 뒤받침 되어야지 가능한 일인 것 같아요.

장세영 더 나아가서 교사 스스로 학교의 주인이 되어야 한다고 생각해야 해요. 개인적으로 교사 집단 자체에서부터 민주 시민 의식이 한 단계 더 높아져야 할 필요가 있다고 생각합니다.

이경아 저는 주인 의식을 가르칠 때 이렇게 이야기해요. "개의 주인이 되고 싶으면, 개똥 치우는 걸 본인이 할 수 있어야 된다." 주인 의식을 가지고 있으려면 힘들고 어려운 일도 스스로 할 수 있어야 된다는 거죠. 통일도 마찬가지예요. 통일을 하고 싶으면 통일에 대해서 힘든 점도 인내할 수 있어야 된다는 것도 가르쳐야 된다고 생각해요.

할규진 좋은 말씀이 마지막 순간에 많이 나온 거 같습니다. 덧붙여서 말씀드리면 교사만이 아니라 사회단체에서도 통일 교육에 많은 역할을 해줘야 된다고 생각을 합니다.

양미정 그러려면 국가 보안법 문제라든가, 통일 교육 지원법 같은 문제부터 해결되어야 하는데…….

박희나 그러려면 또 정치가 많은 역할을 해 줘야 되겠네요.

장세영 그 정치가 많은 역할을 하기 위해서는 또 민주 시민 의식이…….

함규진 하하, 또 닭이냐 달걀이냐가 되나요? 선후가 꼬여 있고 어디서부터 시작해야 할지 답이 잘 안 나오면, 모두 함께 하는 걸로 시작해야겠죠. 바른 통일 교육도, 민주 시민 교육도, 제대로 된 정치 참여도! 시작하면 그래도 또 뭔가 달라지지 않겠습니까?

4장

'열린' 민족주의냐,
'끈끈한' 민족주의냐?

'열린' 민족주의냐,
'끈끈한' 민족주의냐?

양미정 새솔초등학교 교사

안녕하세요. 양미정입니다. 제가 담당한 부분은 여섯 개 주제 중에 하나인 '민족 공동체를 형성하기 위한 노력으로서의 통일 교육'입니다.

사람들에게 통일을 해야 하는 이유를 물었을 때 가장 많이 나오는 대답이 '한 민족이라서.'입니다. 그런데 요즘 아이들에게 북한을 한 민족이라고 생각하느냐고 물으면 '아뇨.'라는 대답이 많아졌습니다. 우리 반 아이들에게 "북한이 어떤 존재로 생각되느냐?"라는 설문 조사를 해 봤더니, '같은 민족이다.'라는 대답보다는 '도와줘야 될 아주 가난한 나라. 외국인데 우리한테 뭔가 껄끄러운 경계 대상. 위협적인 존재.'라는 부정적인 이미지가 더 크게 나오더군요.

그런데 이런 현실과 달리 통일의 당위성을 이야기할 때 빠질 수 없는 게 민족 공동체입니다. 통일부에서도 이를 꾸준히 제시하고 있습니다. 〈통일 문제 이해〉나 〈통일 교육 지침서〉를 보면 통일과 관련하여 제일 많이 나오는 것이 민족이라는 단어입니다. 〈통일 교육 지침서〉 내용을 살펴보면 민족 공동체 의식은 결국 민족의식을 바탕으로 하는데, 민족의식은 남북한 간의 신뢰와 동질성 회복을 바탕으로 했을 때 형성 가능하다고 설명합니다. 때문에 통일 교육도 이 두 부분에 초점을 맞출 필요가 있을 것입니다. 그래서 현행 도덕과 교과서에 민족 공동체 교육이 어떻게 이루어지고 있는지를 살펴보았습니다.

2009 개정 교육 과정 이후 통일 교육은 2학년 통합 교과인 '우리나라' 1단원에 유일하게 민족 공동체와 관련된 내용이 나와 있습니다. 거기서 보면, "우리나라와 이웃 그리고 우리는 한 민족. 북한의 모습. 사는 곳은 달라도 놀이는 같아요."라는 주제로 남북한이 결국은 하나의 민족으로서 동질성이나 공통점을 갖고 있다고 소개하고 있습니다.

그런데 문제는 이러한 내용이 4·5·6학년에 더 이상 연결되지 않는 것입니다. 4·5·6학년의 경우 도입 자료에 이산가족이 상봉하면서 서로 붙들고 울고 있는 장면만 간단히 제시되어 있을 뿐, 그 이상의 깊이 있는 내용들이 전혀 다뤄지지 않고 있습니다. 그러다 보니 민족 공동체 의식을 도대체 어떻게 아이들에게 교육을 시키라는 것인지 교사 입장에서 상당히 난감했습니다. 그나마 2학년에 제시되어 있는 내용들도 살펴보면, 2학년 수준에서 '한 민족'이라는 용어를 이해하기엔 무리가 있지 않을까 하는 걱정이 됐습니다. 게다가 제시된 용어를 보면 '자연 환경', '풍습', '식량 지원'과 같은 단어들이 많아 2학년보다는 4학년 이상에게 적합한 내용이 아닐까 생각했습니다.

그리고 무엇보다 제가 답답한 것은 민족 공동체 교육이 남북한 간

초등학교 2학년 교과서의 '우리와 북한의 같은 점과 다른 점'. 같은 점은 모두 '문화적–전통적'이며, 다른 점은 모두 '사회적–현대적'이다. 그리고 잘 보면 '다른 점'에서 북한을 비하해서 보기 쉽게 서술되어 있다.

신뢰와 동질성 회복을 바탕으로 해야 된다고 하면서 실제로 강조하고 있는 건 '균형 잡힌 북한관', 즉 안보적인 부분이라는 것입니다. 통일 교육에서 안보가 강조되다 보면 아이들에게 북한은 동질성 회복과 신뢰의 대상이 아닌 위협적인 존재로 느껴집니다. 이렇게 위협적인 존재인 북한을 어떻게 한 민족으로서 동질성을 회복하고 신뢰할 수 있느냐는 것입니다. 이 부분은 저뿐만 아니라 학생들에게 상당히 혼란스러운 부분으로 학생들에게 언제 북한을 한 민족이라고 느끼는가라고 물었을 때, 거의 모두가 "모른다."라고 답했습니다. 학생들도 교육을 통해 추상적으로 남북한을 한 민족이라고 생각하고 있지만 구체적으로 피부에 와 닿는 민족적인 느낌은 전혀 없다는 것입니다. 그런 부분에서 통일 교육이 한계가 있다는 생각이 듭니다.

또 한 가지 문제는 교사들 또한 통일에 대한 가치관이 확고하지 않다는 것입니다. 많은 교사들이 통일을 꼭 해야 되는가라고 생각할 뿐만 아니라, 민족 공동체 의식과 관련한 교육을 어떻게 해야 될지에 대해 알지 못하고 있습니다. 〈통일 교육 지침서〉를 보더라도 대부분 추상적인 내용으로만 제시되어 있어 학교 현장에서 구체적으로 어떻게 실행해야 될지에 대한 참고 자료나 지침이 없습니다. 게다가 정권에 따라서 통일 교육의 강조점이 달라지다 보니 교사들도 일관성 없는 통일 교육을 하는 것에 상당히 지쳐 있는 상황입니다. 그러다 보니 교사들도 통일 교육에 더 무관심해거나 형식적으로밖에 할 수 없는 상황이 아닌가 하는 생각이 들었습니다.

그럼에도 불구하고 민족 공동체 교육의 가능성은 남아 있다는 생각을 했습니다. 지난 번에 우리 반 아이들과 이산가족 문제를 이야기 했을 때 학생들의 관심도가 꽤나 높았습니다. 특히 이산가족 상봉 장면의 경우는 아이들에게 정서적인 부분을 자극시킴으로써 북한에 대한 경계가 많이 풀리는 것을 볼 수 있었습니다. 최근에 아이들과 영화 〈국제시장〉에 대해 이야기를 나누면서 1980년대 KBS에서 방영한 이산가족 상봉 장면을 보여 줬더니 영화랑 똑같다면서 무척 신기해 하더라고요. 그리고 상봉한 가족들이 통곡하는 장면에 아이들도 같이 울며 감동을 나누는 것을 보면서 이산가족 문제가 학생들에게 동떨어진 이야기가 아니라 여전히 우리 민족의 아픔을 느낄 수 있는 중요한 문제라는 것을 깨달았습니다.

그래서 제 나름대로 민족 공동체 교육을 활성화 시킬 수 있는 방법이 무얼까 고민을 해 보았더니, 결론은 남북이 한 민족이라는 의식을 부각시키는 것이었습니다. 대표적인 예가 바로 이산가족 문제이고, 그 밖에 독도 문제와 위안부 문제가 있습니다. 독도 문제와 위안부 문제에 대해서는 남북이 한목소리로 같은 입장을 고수하면서 주장하고 있는 부분으로 통일 교육에 접목되면 학생들에게 북한을 민족 공동체로 이해하는 데 많은 도움이 될 거라 생각합니다. 그리고 역사에 있어서도 북한과 관련된 유물이라든가 유적지 등을 통일 교육과 접목시키다 보면 자연스럽게 민족 공동체 의식을 느끼지 않을까라는 생각을 했습니다.

마지막으로 제가 제안하고 싶은 것은 전 교과에 녹아든 통일 교육이 되었으면 하는 것입니다. 사실 사회와 도덕에서 다루는 내용만으로는 민족 공동체 의식을 비롯한 통일 교육 내용을 충분히 다룰 수가 없습니다. 그래서 각 교과의 내용이나 자료를 제시할 때, 남한 쪽만 다루지 말고 북한 것도 함께 제시한다면 자연스럽게 북한은 우리와 함께 있다는 생각을 하게 될 것 같습니다. 통계 자료를 제시할 때 남한의 내용과 더불어 북한의 내용도 함께 실어 분석하게 하고, 국어의 이야기 자료에 북한에서 전해 내려오는 옛날이야기도 포함한다면 북한을 좀 더 친근하게 느낄 것이라고 생각합니다.

<hr />

열린 민족주의란 무엇인가?

함규진 저는 여기 계신 분들이 민족을 어떻게 생각하고 계신지 궁금합니다. 어떠세요? 통일을 떠나서 민족에 대해서 어떻게 생각을 하시는지요?

이경아 〈통일 교육 지침서〉를 보면 "우리가 지향하는 민족 공동체는 단순히 혈연에 기초한 폐쇄적인 민족주의가 아니라, 다른 민족과 그들의 문화도 존중하는 열린 민족주의에 바탕을 두고 있는 것이다."라고 나와 있어요. 그런데 다른 민족과 그들의 문화도 존중하는 열린 민족수의에 바탕을 두고, 어떻게 민족 공동체를 한다는 건지 굉장히 궁금했어요.

양미정 저도 〈통일 교육 지침서〉를 보는 순간 도대체 열린 민족주의가 뭔가 하는 의문이 들었어요. 민족주의 자체가 경계 짓기인데 어떻게 열라는 것인가 하고 말이에요. 그래서 그것에 대한 논문을 쓰기도 했는데, 열린 민족주의는 결국 남한의 다문화 현상을 염두에 두고 이야기가 된 것이더라고요. 그러니까 다문화 구성원들이 많아지는데 단지 혈연을 바탕으로 통일 교육을 이야기하다 보면 결국은 이주민들을 배척해야 되는 상황이 돼 버리잖아요. 그래서 한국에 거주하는 많은 이주민들의 문화도 이해하고 공감할 수 있는 확장된 민족주의를 열린 민족주의로 설명한 것이에요. 하지만 논문을 쓰고 난 지금도 저는 사실 여전히 물음표에요. 통일부에서 제시하고 있는 '열린 민족주의'는 혈연이나 지연에 연연한 폐쇄성에서 벗어날 것을 강조하고 있어요. 하지만 실제로 〈통일 교육 지침서〉나 〈통일 문제 이해〉를 살펴보면 통일에 있어 여전히 혈연을 강조하고 있기 때문에 앞뒤가 안 맞는다는 거지요. 사실 우리가 받아들이기에도 혈연적 요소를 빼고 북한을 바라본다면 굳이 통일을 해야 할 명분, 즉 당위성이 사라져요. 게다가 일반 사람들은 물론 교사들마저 열린 민족주의를 알고 있는 사람들이 많지 않다는 게 문제고요.

함규진 〈통일 교육 지침서〉 자체에도 선언적으로 제시를 해 놓고는 있지만 열린 민족주의가 무엇인가는 설명이 없어요. 당연히 어떻게 가르치라는 말도 없죠. 특별한 용어를 제시해 놨으면 그걸 어떻게 교육하라는 건지 설명을 해 놓아야 지침서인데, 그게 전혀 없어요.

이경아 열린 민족주의가 다른 문화도 포용하고, 지금 우리 사회에 있는 다문화 가정의 다양한 아이들도 배척하지 말고 같이 포용하면서 하나의 민족 공동체를 형성하자는 느낌을 주려는 것은 알겠어요. 하지만 그걸 확장해 보면 "열린 민족주의라면 굳이 북한이랑 통일을 할 필요가 없지 않나? 만약에 우리나라가 동남아 사람들이 다수를 이루는 다문화 사회가 된다면, 오히려 동남아 문화가 우리에게 더 가깝기 때문에 북한과의 통일은 안 해도 되는 건가?"라고 생각할 수도 있을 것 같아요.

함규진 사실 열린 민족주의는 통일과 다문화를 같이 다루고 있어요. 정확히는 통일이라기보다는 탈북 학생들은 우리와 이질적인 문화와 배경을 갖고 있기 때문에 남한에서 적응하기 어려우니 외국 출신 학생들하고 같은 시각으로 보자는 이야기죠. 하지만 이것을 타 문화에 대한 관용과 이해라는 쪽으로만 본다면 말씀하신대로 북한 학생이나 다른 외국에서 온 학생이나 다를 게 없게 되고, 결국 통일할 이유가 없어지는 셈이죠. 저는 거기에 대해서, 양미정 선생님이 논문에도 쓰셨지만, 피터 버거[8]가 이야기한 '문화 다원주의의 준칙'을 생각하고 싶어요. '다문화주의'로 외국 문화를 무조건 다 관용하는 것이 아니라 중심적인 건 갖고 있어야 한다는 거죠.

---

8 Peter L. Berger, 오스트리아 출신의 미국 사회학자. 대륙의 현상학 학풍을 미국 사회학계에 이식했으며 문화, 정치, 기술 등 다방면에 관심을 갖고 연구했다.

장세영 구체적으로 예를 들면요?

할규진 가령 외국 출신의 며느리가 그쪽의 종교나 관습상 제사상에 엎드려 절하는 걸 부담스러워 한다, 그러니까 제사를 지내지 말자는 이야기가 실제로 있습니다. 그러나 한 사람의 신규 구성원 때문에 공동체가 소중히 지켜온 문화를 폐기하는 것은 바람직하지 않다는 거죠. 따라서 그 며느리에게 제사의 참뜻을 이야기해 주고, 며느리는 참여하지 않든가 참여하되 절은 하지 않든가 등을 강요 없는 합의로 결정하는 대안이 좋다고 합니다. 한편 이슬람 사회 출신의 노동자가 하루 다섯 번의 예배를 드리기 위해 작업 라인을 떠나기 때문에 생산성이 떨어진다는 말이 있어요. 그러나 그 경우에 작업 능률을 높이자고 그 사람의 종교 활동을 방해하는 것은 지나치고, 그 정도로는 전체에 주는 부담은 크지 않으므로 그때는 허용하는 게 옳겠죠.

장세영 괜찮은 것 같네요. 하지만 과연 무엇이 중요하고 무엇이 덜 중요한지, 과연 강요 없는 합의가 이루어질 수 있는지 등등 골치 아픈 문제도 많겠는데요.

할규진 우리의 중심적인 문화 요소를 포기하지 않으면서 상대방의 중심 요소를 존중하며, 함께 살아가기 위한 노력인 거죠. 서로 양보할 수 있는 거는 양보하고, 융합해 나가면서, 즉 서로의 핵심적인 것은 존중하고 공존하면서, 부수적인 것은 융합하거나 한쪽을 채택하거나 하는 식으로 가자는 거죠.

그런데 북한과 우리는 중심을 공유하는 사이잖아요. 오랜 역사와 여러 가지 동질적인 문화적인 면에서 북한과 우리는 핵심을 공유하는 사이고, 동남아나 중동에서 온 분들은 핵심을 공유하는 사이는 아니죠. 즉 그쪽은 다문화적인 관용을 해야 되는 상황이고, 북한하고는 우리가 공동성과 동질성을 재발견해 나가야 할 사이죠. 그러기 때문에 둘을 조금 다르게 접근할 필요가 있다는 겁니다. 북한에 대해서는 일반적인 다문화주의하고는 좀 다른 식으로 가야 된다는 거죠. 북한은 우리와 원래 하나였던 존재이지 이제부터 하나가 되려고 하는 존재가 아니잖아요.

그런데 아까 말씀드린 것처럼 과연 교사 자신에게 민족의식 갖기라는 것이 또 필요한가, 또 민족의식이 있다면 어떤 건가, 그리고 요즘 같은 세계화·신자유주의 시대에 과연 민족의식이 무슨 의미가 있는 것인가에 대해서는 어떤 생각을 하시는지요? 교사들이 민족에 대해서 별다른 의식이 없으면 그걸 아무리 미사여구로 치장을 한다고 해도 영혼 없는 가르침이 될 것 같은데요. 김현희 선생님은 민족 음악을 탐구하셨는데, 어떠세요?

남북한은 지금 이혼 중? 별거 중?

김현희 남한의 국악과 북한의 민족 음악에 대해 논문을 쓰며 나름의

북한 예술학교 학생들의 가야금 병창.

연구를 했었죠. 북한의 민족 음악에서 '민족'은 사실 구별짓는 의미가
없어요. 남한 음악의 다양한 장르 중 하나가 국악이라면 북한은 자신
들의 음악을 그들 나름의 방식대로 전통을 고수한다는 입장에서 민
족 음악이라고 부른 것뿐이거든요.

　대학원 5학기에 교수님의 민족주의 관련 강의를 들으면서 민족이
라는 것이 그렇게 심오한 뜻을 갖고 있는지 처음 알게 되었어요. 제가
어렸을 때부터 생각했던 민족주의는 애국심과 같은 의미였거든요. 민
족주의는 곧 애국심이고, 좋은 것이라는 이미지가 강했죠. 그런데 교
수님 강의를 통해 민족주의 바탕으로 외국에서 일어났던 역사적 사
건들을 접하면서 민족주의 자체를 '좋다, 나쁘다.'라고 판단할 수 없
다는 것을 알게 되었어요. 그렇지만 분명한 것은 과거에 우리나라의
민족주의는 독립운동의 원동력으로서 긍정적으로 작용했다는 거예
요. 다문화 사회로 진입하면서 앞으로 우리나라에서 민족주의가 어떤
색깔로 나타날지 알 수 없지만, 민족주의로써 북한을 우리 민족으로

포용할 수 있다면 과거에 그랬듯이 긍정적인 영향력이 될 수 있겠죠. 통일에 있어서 민족이란 말을 빼면 통일 편익으로밖에 접근할 수 없기 때문에 통일 교육에 있어서도 민족이 매우 중요한 역할을 하고 있잖아요.

민족을 정의할 수 있는 여러 방법이 있지만, 아주 간단하게 말해 민족은 혈연 개념과 가장 잘 묶인다고 생각해요. 제 할아버지 고향이 이북이에요. 북한에 처자식이 있으셨지만 잠시 남한에 내려오셨을 때 휴전이 되고, 그 뒤 돌아갈 희망을 잃으셨을 때 할머니를 만나 아버지를 낳으셨어요.

장세영 와, 그러니까 김현희 선생님도 이산가족 3세대이신 거네요.

김현희 그렇죠. 지금 직접 가족을 잃은 1세대만 보니까 이산가족이 이제는 별로 없지 않느냐 하는데, 2세대·3세대까지 가면 상당히 많을 거예요. 그러면 아무리 한 번도 보지 못한 할아버지의 고향이지만 궁금하다, 가 보고 싶다는 생각이 없을 수 없고요. 사실 제가 대학원에서 통일 전공을 하게 된 까닭도 그 점이 컸거든요.

할규진 네, 상당히 많죠. 김현희 선생님은 3세대지만 저는 2세대거든요. 저는 서울에서 태어났지만, 아버지와 어머니 모두 북에서 내려오셨다가 여기서 만나신 분들이니까요.

<u>양미정</u> 그래서 교수님도 통일에 관심이? 역시, 그놈의 혈연 중심은 한 민족의 특성이야.

<u>모 두</u> (웃음)

<u>김현희</u> 혈연 중심적 사고라고 하면 보통 안 좋게 보는 수가 많고, 나는 그까짓 것 신경 쓰지 않는다는 사람도 있죠. 하지만 중시하는 사람에게는 또 소중한 것이고. 이런 경우에는 혈연을 중시하는 일을 나쁘게 볼 까닭이 없겠죠. 아무튼 이렇게 북한과는 우리가 직접적인 혈연으로 묶여 있기 때문에 통일 교육에서 민족주의를 배제할 수는 없고, 그렇다고 다문화 사회에서 민족만을 추구하는 것도 어불성설이기 때문에 '열린 민족주의'라는 낱말을 만들지 않았을까 하는 생각이 드네요. 시대 흐름상 민족을 구분 짓는 것이 위험할 수 있지만 통일을 앞둔 지금 우리나라에서 민족은 우리가 잘 활용해야 할 요소라는 생각이 들었어요.

<u>양미정</u> 김현희 선생님 같은 경우에는 이산가족이라는 가족사가 있기에 끈끈하게 느껴질 것 같아요. 저 같은 경우는 어렸을 때부터 반공 교육을 철저히 받았음에도 불구하고 남북이 한 민족이라는 사실 또한 당연시하며 살아오기도 했답니다. 그런데 문제는 지금의 아이들이 북한을 과연 한 민족으로 생각하느냐예요. 저는 이 부분이 통일 교육의 가장 큰 문제라고 생각해요. 지금의 아이들에게 북한은 태어날 때

부터 분단되었던 외국과 같은 나라인데, 이런 북한을 같은 민족으로 받아들일 수 있게 하는 방법은 무엇인지에 대해 우리가 좀 더 고민해 봐야 한다고 생각해요.

김현희 조금 전에 신뢰와 동질성에 바탕을 두어야 한다고 말씀하셨잖아요. 그런데 북한과 남한이 신뢰를 바탕으로 가고 있지 않기 때문에 우리가 가질 수 있는 키워드는 동질성인데, 이 동질성마저도 이질적인 부분이 많아지고 있는 것이 현실이에요. 그나마 가질 수 있는 동질성이 사회 문화와 예술인거 같아요. 우리가 "왜 한 민족일까?"라는 질문을 던졌을 때, 저 같은 경우는 아버지를 통해 전해들은 할아버지의 이야기를 통해 "우리 할아버지가 북한 사람이고, 큰아버지와 고모·사촌형제가 북한에 살고 있기 때문."이라고 대답하겠죠. 그렇지만 지금 대부분의 아이들은 북한을 한 민족이라고 느끼지 못하고 있죠. 북한 체제나 외교, 경제 등 우리와 이질적인 부분이 많지만 사회 문화와 예술적 측면에서 접근하면 '우리가 원래는 하나였구나!'라고 느낄 만한 동질성을 찾을 수 있어요. 안타까운 것은 우리 초등 교과서와 교육 과정에 반영이 너무 안 되어 있다는 사실이죠. 그리고 매스컴에는 늘 우리와 너무나도 다른 북한, 무시무시하거나 불쌍하거나, 자극적인 북한만 나오니까 아이들은 북한에 더욱 이질성을 느낄 수밖에요.

양미성 동질적인 건 뭐가 있을까요?

김현희 예를 들어서 초등학교 2학년 때 우리나라와 가까운 이웃 나라에 대해 배우는데 북한에 대해서도 나오거든요. 전통문화에 대해 배우며 아이들이 북한을 가깝게 느껴지도록 하는 거죠. "북한도 연날리기를 한대. 제기차기도 한대. 북한도 한복을 입는대. 우리와 같이 한글을 쓴대. 한국어와 한글을 모국어로 쓰는 나라는 전 세계에서 우리랑 북한밖에 없대. 북한 아이들도 세종대왕과 이순신 장군을 우리의 아주 자랑스러운 조상이라고 생각한대. 북한 아이들도 가야금이랑 장구를 연주하고, 고구려 역사를 우리 역사로 배우고 있대. 너희들이 좋아하는 냉면이 북한에서도 유명하대. 평양냉면과 함흥냉면이 모두 북한에서 시작된 거란다." 이런 식으로요.

이경아 초등학교에서는 6월이 되면 호국 보훈의 달이라고 해서 민족 공동체 대회를 하잖아요. 각 학교에서 최우수 학생을 모아서 10개 학교 정도가 한 지구별로 대회를 하고 거기서 또 교육청 대회에 나가요. 제가 몇 년 전에 민족 공동체 대회 지구 대회에 심사위원으로 참여했을 때 느낀 점인데 과학 대회나 영어 말하기 대회 등은 경쟁도 치열하고 우열을 가리기가 힘든 데 반해, 민족 공동체 대회는 상대적으로 경쟁도 치열하지 않고 우수한 작품도 찾기가 어렵더라고요. 민족 공동체라는 주제가 평소 관심 있던 내용도 아니고, 자주 접할 수 있는 내용도 아니기 때문이겠죠.

박희나 저는 딱히 민족의식이 있다기보다는 그냥 '우리는 한 민족.'이라는 상상과 믿음이 있는 것 같아요. 그런데 그건 교육 효과라고 봐요. 어렸을 때부터 그런 가정 교육과 학교 교육을 통해서 북한과 한 민족임을 의심하지 않고, 또 민족에 대한 자부심도 갖게 되었던 것 같아요.

양미정 학교 교육은 그렇다 치고, 민족에 대해 가정 교육도 받았어요?

박희나 어머니가 한국 무용을 하시는데, 대학교 때 사사한 분이 최승희[9] 춤을 계승하셨거든요. 그래서 이런 저런 이야기들, 전통문화에 대한 이야기들을 늘 듣고 자라서 그런지 "우리랑 북한은 같은 문화를 가진 한 민족!" 이런 걸 의심한 적이 없었어요.

　그보다는 늘 고민하는 게 있는데, 이주 배경 청소년 지원법이라는 것이 있어요. 말 그대로 이주 배경을 가진 모든 청소년들을 하나의 법으로 묶은 것이에요. 탈북 학교 선생님들은 다문화 범주 안에 탈북자들을 묶는 것에 이의를 제기하는데, 여성가족부의 입장은 기업이나 국회의원의 후원을 받으려면 다문화 테두리 안에 있는 게 유리하다는 거예요. 결국 다문화에 탈북을 넣는 이유가 돈 때문이라는 거죠. 그러다 보면 다문화 아이와 탈북 아이들을 같이 보면서 민족 공동체 의식이 희석되지 않을까 걱정이 되더라고요.

---

9 한국을 대표하는 무용가로 한국 전통 무용과 현대 무용을 결합한 창작 무용으로 일제 강점기 당시 최고의 명성을 떨쳤으나 해방 후 남편과 함께 월북, 북한 최고인민회의 대의원까지 지냈다. 이 때문에 오랫동안 남한에서는 금기시되다가 1990년대 이후 재조명 받고 있다.

이경아 남한 사회는 자본주의 논리가 강하잖아요. 아무리 가까운 친척이라도 가난한 친척은 멀리하고, 먼 친척이라도 부자면 가까이하고 싶어 하잖아요. 그런 것처럼 북한이 한 민족, 한 핏줄인 건 맞지만, 피하고 싶은 가난한 친척인 거 같아요. 교육을 받아야 민족 공동체라는 단어라도 알고 동질성 이야기라도 하지, 아예 초등학교에서 이 내용이 빠져 버렸을 때는 나중에 아이들이 우리처럼 애국, 민족 공동체, 한 민족 등의 생각을 할까요? 요즘 애들은 그렇지 않을 거라고 생각이 들어요.

제가 10년 전 쯤 통일교육원에서 통일 교육 연수를 받았더니 금강산 관광을 보내 주더라고요. 그 당시에는 금강산 관광을 정말 많이 갔었어요. 또 남북한 단일 팀, 민간 차원의 교류도 많았기 때문에 아이들에게 가르칠 때 언론 보도나 생활 주변의 주제로 민족 공동체에 대한 이야기를 할 것이 참 많았어요. 그런데 지금은 할 게 없죠. 요즘 아이들에게 선생님이 북한에 금강산 관광을 갔다 왔다고 하면 많이 놀라요. 주변에서 북한에 갔다거나 북한과 교류한 이야기를 들은 적이 거의 없으니까요.

장세영 우리 모두가 공감할 수 있는 건 민족인데, 민족이란 건 결국 가족이잖아요. 그런데 요즘은 공동체 의식이 약해지다 보니 "가족이면 꼭 같이 붙어 살아야 되나?"라는 문제를 제기할 수도 있을 거 같아요. 그러니까 "북한하고 혈연으로 통한다지만 꼭 같이 화합하고 통합해야 되느냐?"라는 식으로 세태가 변하는 것 같아요. 과거에는 민족이라는 이유만으로도 통일에 대한 의무감을 사람들에게 정서적으로 심어 줄 수 있었다면, 지금은 점점 그렇지 않거든요. 가족이라고 정서적으로 묶어 주는 게 있었는데, 밑으로 세대가 내려갈수록 이산가족이라는 끈에서도 점점 더 멀어지고 있고, 정서적으로도 묶이는 게 없기 때문에 민족이 단지 이론적인 차원에서만 이야기 되는 것 같아요. 민족이라는 정서적인 부분을 더 강하게 묶어 줄 수 있는 통일 교육이 필요한 게 아닌가 하는 생각이 들어요.

함규진 우리가 이제까지 민족주의와 동질성을 중심으로 이야기를 했습니다만, 민족 공동체 개념은 민족주의와 조금 다릅니다. 즉 민족이기 때문에 그 자체만으로 충분한 게 아니라 "남북한이 같은 공동체를 만들어서 공존공영을 해 보자."라는 겁니다. 비유하자면 동문회 같은 거라고 할까요? 어떤 학교의 동문이 된 것은 같은 부모에게서 태어난 것처럼 운명적인 게 아니죠. 각자 그 학교에서 공부하고 싶어서 시험쳐 들어온 거니까요. 하지만 어찌됐든 같은 공간에서 몇 년씩 동고동락했다면 남다른 정이 들기도 할 거고, 소중한 인연이라고도 생각하겠죠. 그래서 졸업 후에도 가끔씩 모이고, 같이 놀다가 좋은 생각이 있으면 같이 사업도 하고, 어려운 동문이 있으면 십시일반 하여 돕기도 하고……. 그런 식으로, 민족이니까 닥치고 통일, 이런 게 아니라 이왕 민족인 만큼 그 인연을 소중히 여겨 함께 잘해 보자 이서예요. 아무튼 서로 통역 없이 이야기할 수 있다. 갈 수만 있으면 일본이나 중국보다 더 빨리 오갈 수 있다, 이게 산업적으로도 중요성이 크니까요.

그런데 그렇게 하려면 신뢰와 동질성 중에 신뢰가 더 중요해요. 같이 일을 해야 하는데 신뢰가 없으면 아무것도 못하잖아요. 그런데 문제는 우리가 과연 북한을 신뢰할 수 있는가예요. 뭔가 되는 거 같으면 매번 문제를 터뜨리니까 신뢰하기가 어렵다는 거죠.

그렇다면 정경 분리제로 하면 어떠냐고 생각을 한번 해 볼 수가 있어요. 경제 협력이라든가 문화적 교류 같은 것은 북한에서 문제를 터뜨려도 계속 진행하면 어떨까 하는 생각이 있을 수가 있어요. 사실 독일 통일 과정도 경제 협력이나 문화 교류, 인적 교류부터 시작을 했거든요. 그런 식으로 신뢰를 쌓으면 민족 공동체라는 개념에 우리가 조금 더 접근해 갈 수 있지 않을까 하는 생각이 듭니다.

동질성을 교육하는 과정에도 정치적인 것이 걸림돌이 될 수밖에 없어요. 〈통일 교육 지침서〉에서도 북한은 어디까지나 공산당이고, 우리와 함께할 수 없는 대상으로 교육시키라고 해 놓고, 북한 주민들은 포용하고 협력해야 될 대상으로 교육하라고 주문하고 있어요. 그런데 이걸 과연 초등학교 수준에서 받아들일 수 있겠어요? 제 생각에는 초등학교 수준에서 받아들일 수 없으면 중·고등학교 수준에서도 안 돼요. 왜냐하면 정서적으로, 말하자면 '임프린팅'[10]이 잘 안 됐잖아요. 북한에 대해서는 기본적으로 깔려 있는 게 '우리 민족이다.'라는 것보

---

10 imprinting. '각인'이라고 번역되는 용어로 발달 초기에 각인된 인상이나 지식이 오랫동안 사고나 성격을 틀 지우는 효과를 말한다.

다 '나쁜 놈들, 귀찮은 놈들, 미개한 놈들.'이라는 의식밖에 없는 거예요. 어려서부터 북한에 대한 안 좋은 이야기만 듣다 보니까 '북한하곤 진짜 같이하기 싫어!'라는 생각이 뇌리에 박힐 수밖에 없고, 나중에 합리적으로 사고할 수 있을 때가 되더라도 그때 가서 남는 것은 통일 편익밖에 안 남게 되죠. 그러기 때문에 추진력이 많이 떨어져요. 그래서 내 생각에는 초등학교 저학년 레벨에서는 이중적인 접근에 대해서 다시 생각해 봐야 되지 않을까 합니다.

장세영 나중에 얘기하려고 했는데, 제가 발제를 준비할 때 학교에서 설문 조사를 했어요. 작은 학교라 표본이 124명 정도밖에 안 되기는 한데, 이중적인 접근이 가능할 것 같다는 생각이 들더라고요. "북한에 대해서 어떻게 생각하느냐?"라고 물었을 때, 적이라는 대답이 52명이고, 친구는 35명, 기타가 37명이었어요. 그런데 적이라고 답한 아이들 중에 절반 이상의 아이들이 그래도 "통일은 해야 된다."라고 답을 하더라고요. 아이들 머릿속에 아직 논리적으로 구분이 되어 있지는 않지만, "북한은 통일을 해야 되는 대상이지만, 정권에 대해서는 다르게 생각하고 있기 때문에 그렇게 답을 할 수 있지 않았을까?"라는 생각이 들더라고요. 교육적으로 학교에서 통일 교육에 대해 좀 더 많은 시간을 할애하면 그 부분이 아이들한테 더 명확해지지 않을까 하는 생각이 들었어요.

양미정 그런데 〈통일 교육 지침서〉에도 계속 그러고 있잖아요. 경계의 대상이면서 통일의 대상이라고. 학교에서 그렇게 가르치니까 아이들도 그렇게 받아들이는 것이지 북한 정권과 주민을 구분했다고 볼 수는 없을 거 같은데요.

함규진 이렇게 볼 수도 있지 않나 하는 생각이 드네요. 컬처 코드라는 게 있어요. 심리 분석하는 사람이 경영학에 심리 분석을 적용하면서 만들어 낸 개념인데, 사람은 자기가 말하는 것과 다른 것을 생각한다는 거예요. 간단하게 말해 설문 조사를 할 때, 사람들은 정답이겠거니 하는 것에 맞춰 대답한다는 거예요. 진짜 자기가 그렇게 생각하고 그렇게 느껴서 대답하기보다는 말이에요. 장세영 선생님이 하신 설문 조사의 경우도 통일을 해야 된다고 당위적으로 알고 있기 때문에 북한은 적이지만 통일은 해야 한다는 모순되는 답을 했을 수도 있지 않나 하는 생각이 드는 거죠. '통일을 해야 하는데 북한은 적이다. 북한을 붕괴시키고 통일해야 한다.' 이런 식으로 생각했을지도 모르고요.

김현희 분단을 이혼에 비유한다면 이렇게 생각할 수도 있을 것 같아요. "이혼했는데 꼭 다시 결합해야 되나? 지금 상태가 나쁘지 않으면 그냥 이혼한 상태로 살면 되지! 한때 가족이었다고 꼭 다시 같이 살아야 하나?"라고요.

양미정 그런데 이혼이라는 비유가 맞나요? 이혼이라고 보기 힘들죠. 그냥 사이가 나빠진 거죠.

김현희 그렇죠. 싸워서 잠시 별거한 거죠.

함규진 만약 이혼이라고 한다 해도 우리 뜻대로 이혼한 것은 아니죠. 누군가의 강요에 의한 거죠. 일단 이혼이라고 생각해 보면, 부모의 불화로 따로 떨어져 살게 되었지만 형제들은 서로 궁금해 하고, 그리워하는 거죠. 아이들한테 그런 식으로 비유하면 어렵지 않을 것 같아요. 저학년 아이들이라고 해도 이 정도의 설명은 어렵지 않게 이해할 수 있지 않을까요?

양미정 강요에 의한 이혼은 아니었으나 부모가 불화한 것은 맞고, 지금의 부모 의사는 그냥 갈라진 채로 있자는 거네요. 그럼 결국 다시 합치려면 자녀들이 엄마, 아빠를 바꾸거나 해야 되잖아요?

김현희 그렇진 않죠. 엄마, 아빠를 설득해야 하는 거죠.

양미정 설득이라고요?

김현희 그렇죠.

양미정 흠……. 과연 아이가 부모를 설득할 수 있을까요?

함규진 댁에서 자녀분들께 설득 안 당하세요? 우리 집이 이상한가?

장세영 하하. 왠지 비유가 한계를 보이는 듯?

이경아 그런데 자녀들이라고 한마음으로 재결합을 바랄까요? "나는 경제적으로 풍족한 아버지와 같이 사는 게 더 좋아. 엄마랑은 좀 아니야."라고 생각할 수도 있잖아요.

김현희 그러네요. 그 말씀이 정확한 것 같아요. 자식들 중 몇 명은 같이 살기를 원해서 엄마, 아빠를 설득하는 아이가 있을 거고, 지금이 편하니 그냥 따로 살자고 얘기하는 자식도 있을 거예요. 우리나라 국민 중 모두가 통일을 원하는 건 아닌 것처럼 말이에요. 그냥 따로 사는 게 더 풍족하고 나쁘지 않기 때문에 부모님의 이혼 상황을 받아들이는 것처럼 지금 분단의 상황이 나쁘지 않기 때문에 굳이 애써 통일할 필요가 없다고 생각하는 국민들이 다수 있을 수 있죠. 그래서 통일교육을 통해 우리는 원래 한 가족이었으니 좀 어려움이 있어도 함께 살아야 한다고 가르칠 필요가 있는 거죠. 그런 측면으로 접근한다면 북한 정권은 주민의 의견과 상관없이 분단을 주도했던 체제고, 북한 주민은 타의에 의해서 분단의 상황에 놓이게 되었다고 생각할 수 있어요. 이런 식으로 북한 체제와 북한 주민을 분리시키는 것은 그리 어렵지 않을 거예요.

장세영 저도 그렇게 생각해요. 그런데 이혼이라는 비유를 사용하면 자칫 학생들 중에 한부모 가정 자녀가 있을 경우 상처를 줄지도 모르겠는데요.

김현희 음, 또 그런 문제가 있겠네요.

함규진 사실 북한에 대해 공격적이지 않은 편인 분들, 이른바 진보 성향의 사람들도 민족주의에 대해서는 부정적인 경우가 많아요. 과거에 정권을 유지하고 체제를 유지하려는 과정 속에서 민족에 대해 소위 세뇌를 받았기 때문에 문제인 것이죠. 그래서 지금처럼 민족주의가 해체되는 상황을 반기는 경향마저 있죠. 심지어 학회 같은 데서 누가 민족주의를 거론하면 벌컥 화부터 내는 분까지 있을 정도예요.

그렇다고 그 반대 성향의 사람들은 민족주의에 우호적이냐 하면 그것도 아니죠. 세계화와 다문화주의를 옹호하려다 보니 민족주의를 찬밥 취급하는 경향이 있죠. 이런 가운데 더 이상 우리의 자녀와 학생들에게 한 민족이니까 통일해야 된다는 이야기만 반복하기는 어려운 실정입니다. 그래도 지금의 답답한 남북 대치 상황을 풀고, 뭔가 통일의 시작점을 찾으려면 손익 계산보다는 같은 민족이라는 것이 가장 먼저 나와야 되지 않을까요?

'민족'을 계속 이야기할 이유

양미정 문제는 같은 민족이라는 걸 계속 이야기 하는 방법 말고는 다른 효과적인 방법이 딱히 없다는 거예요. 그런데 또 그것도 쉽지가 않아요. 서울에 있는 몇몇 통일 교육 연구 학교의 발표 자료를 살펴보았는데, 대부분의 연구 학교 주제가 북한 이해나 통일 의식 제고에 초점이 맞춰져 있더라고요. 그 중에서 유일하게 민족 공동체 의식 함양을 주제로 한 학교가 있어 활동 자료를 살펴보았더니 통일 텃밭 가꾸기, 통일 염원 물 로켓 날리기, 통일 부채 만들기, 한마음 체험 걷기, 남북한 전통 세시 음식 알기, 6·25 음식 체험 같은 것들이 있더라고요. 하지만 전에도 말씀드렸다시피 배추 재배나 물 로켓 날리기에 통일이라는 말만 붙인 활동을 한다고 얼마나 민족 공동체 의식이 생길지 의문이에요. 또 문제는 이러한 활동에 북한 사람이, 그건 불가능하다고 해도 탈북자라도 일부 참여해야 할 텐데 아니거든요. 우리 남한 사람들끼리, 그것도 항상 보는 선생님과 친구들끼리 행사를 진행하다 보니 특별한 민족 공동체 의식이 생길 수가 없지 않을까 싶은 거죠.

이경아 학생들이 재배한 쌀이나 배추를 북한에 보내는 방법도 있을 텐데요.

함규진 예전 정권 때라면 모를까, 요즘은 현실적으로 어렵죠.

양미정 남북한 사람들 간에 실질적인 교류가 이뤄지면서 체험할 수 있는 행사가 진행되어야 해요. 그런데 지금은 어떤가 하면, 장세영 선생님 말씀처럼 남북이 다시 화목한 가정을 만들려고 노력한다면서 남한 가족끼리만 잔치하는 꼴인 거죠. 그래서 저는 통일 교육이 제대로 되려면 남북이 좀 더 열려야 된다고 생각해요. 이산가족이 눈앞에서 만나서 울고불고하는 모습을 통해 아이들이 가슴속부터 무언가 느꼈던 것처럼 민족 공동체 의식 함양을 위한 통일 교육이 이루어지려면 실질적인 경험이 필요하다고 생각합니다.

이경아 요즘에는 학교에서 사랑의 동전 모으기 할 때도 굿 네이버스에서 CD와 편지글을 주잖아요. CD에 보면 "어떤 나라에 살고 있는 한 아이는 학교에 가고 싶지만 가지 못하고 가난한 집안 살림을 위해 돈을 벌어야 합니다."라고 나오고요. "작년에 후원을 해서 이 아이에게 책과 교과서를 줄 수 있었다."라는 내용의 CD를 보여 준 다음에 동전을 모아요. 이렇게 해야 애들이 동전을 모으는데, 우리가 지금 이야기했듯이 통일 벼를 키워서 어떻게 할 건지……. 교류가 없는 상황에서의 민족 공동체는 너무 허무한 것 같아요. 실체가 보이지 않는 상황에서 아이들에게 "통일하면 좋아. 우리는 한 민족이야."라고 말하면 아이들이 공감하기 어려울 것 같아요.

김현희 통일 교육을 하자고 통일 단원을 만들고, 계기 교육을 하는 날이니까 할 수 없이 통일 교육을 한다면 형식적일 수밖에 없죠. 그보다 모든 교과에 북한을 이해할 수 있는 다양한 교육 내용을 삽입한다면, 북한에 대한 관심도 자연스럽게 증가되고 민족 정체성과 남북한의 동질성도 긍정적으로 형성될 수 있을 거예요. 역사를 배울 때 고구려는 현재 북한 지역에 있었지만 우리의 역사라고 가르치거나, 남북한이 원래는 하나였고 분단된 지 불과 100년도 되지 않았다는 사실을 아이들에게 자연스럽게 알려 주는 거예요. 교과서에 지도를 삽입할 때도 분단된 남한의 지도만 넣지 말고 한반도 전체가 나오도록 넣고요. 한반도 지도를 의도적으로 아이들에게 보여 준다면, 남북한이 원래는 하나이고 앞으로 하나가 되어야 한다는 의식이 잠재적으로 자리 잡을 수 있을 거예요. 아주 사소한 예지만 모든 교과에서 이런 작지만 의도적인 노력을 한다면 자연스러운 통일 교육 효과를 가져올 수 있을 거라고 믿어요.

양미정 김현희 선생님 말씀처럼 전 교과에 적극적으로 통일 교육이 전개된다면 통일에 대한 관심은 많이 커질 것 같아요. 그런데 문제는 머리로 이해하는 것과 마음으로 받아들이는 것과는 차이가 많은 것 같아요. 실제로 이러한 노력들은 통일 교육 시범학교에서 많이 이뤄져요. 1, 2년 동안 집중적으로 교과와 연계하여 통일 교육을 실시하죠. 그 결과를 들여다보면 실제로 학생들의 통일에 대한 관심과 북한에 대한 이해가 많이 높아졌더라고요. 그런데 문제는 여전히 통일 의지 면에서는 크게 달라진 점이 없다는 겁니다. 그러니까 머리로는 알지만, 내가 당장 통일을 위해 무엇을 해야겠다는 생각은 아직 약하다는 거지요. 이러한 문제점을 해결하기 위해서는 앞서 말씀드린 것처럼 실질적인 남북 교류가 이뤄져야 해요. 하지만 현실상 어려움이 있기 때문에 그 대안으로 북한 이탈 주민이나 북한 이탈 학생과의 교류를 모색해야 된다고 생각해요.

제가 몇 년 전 통일 교육 연수를 받으면서 한겨레 중·고등학교[11] 견학을 갔었어요. 학교에 들어가자마자 북한 이탈 학생을 만났는데, 그 순간 제가 한 생각이 뭔지 아세요? "어머, 쟤네 우리랑 똑같네."였어요. 그렇게 생각하는 저 자신을 발견하는 순간, 저도 저한테 깜짝 놀랐어요. 겉으로는 남북이 한 민족이라고 쉽사리 말하면서 실제로는 북한은 남한과 다르다고 생각하고 있었던 거죠. 저는 그 순간 아무리 말로 남북은 한 민족이라며 동질성을 강조해도 머릿속 상상만으로는 효과가 없다는 것을 깨달았어요.

함규진 탈북자들이 강연을 하면 대체로 북한을 욕하는 게 대부분이죠. 물론 그렇게 느껴서 이탈을 하셨을 테니까 어떻게 보면 당연한 얘기겠지만, 북한의 긍정적인 것까진 아닐지라도 우리와 동질적인 부분, 재미있는 부분, 흥미로운 부분을 얘기할 수도 있지 않을까 생각돼요. 가령 북한에서는 이웃 간의 정이 돈독해서 애를 낳으면 온 마을이 동참하여 산모를 돕고, 한 마음으로 기뻐한다고 합니다. 지금 우리에겐 이웃이라는 게 없잖아요, 그냥 공간적으로만 함께 모여 있을 뿐이지. 그런 면에서 북한에선 아직도 소위 '이웃 간의 정'이라든가 '마을 공동체'라든가 하는 것이 남아 있는 것 같더라고요. 그런 것을 초등학

---

11 경기도 안성의 사립 대안 교육 특성화 학교. 2008년 이래 국내 유일의 북한 이탈 청소년 중등학교로서 탈북 학생들의 심리적 상처를 치유하고 남한 사회에 적응하도록 돕는 기능을 수행한다.

생 수준에서 이해가 되도록 잘 설명할 수 있지 않을까요. 그러면 "북한이 다 나쁘기만 하고, 다 형편없는 줄만 알았더니 그런 것도 아니네. 좀 더 알 수 있는 게 없을까?" 하는 생각이 들지 않겠어요?

장세영 저도 하고 싶었던 얘기가 그거에요. 〈국제시장〉에서 이산가족이 상봉하는 장면을 보면서 저도 모르게 눈물을 흘렸어요. KBS에서 이산가족이 상봉하는 장면을 방송한 게 1983년도인데, 제가 1984년생이에요. 태어나기 전에 있었던 일이기 때문에 사실 저도 공감할 수 없는 일이에요. 그런데 저도 모르게 그 장면을 보는 순간 눈물이 났어요. 대학원에서 통일을 전공을 했던 사람으로서 그래도 일반인들보다는 조금은 통일 쪽에 관심을 가지고 있는데, 제가 통일에 관해 눈물을 흘리거나 감정으로 확 뜨거워졌던 건 그때가 처음이었어요. 그래서 특히 아이들에게는, 민족은 결국 감정으로 접근하는 게 맞다고 봐요. 어차피 아이들도 지식으로는 알고 있잖아요. 하지만 감정적으로 움직이는 건 다른 문제죠.

이경아 며칠 전에 〈전국노래자랑〉을 진행하시는 송해 선생님 이야기가 방송에 나왔어요. 그분이 북한 황해도 출신인데, 하루는 송해 선생님이랑 한 반이 남한 쪽으로 소풍을 내려온 거예요. 그런데 그날 전쟁이 일어나서, 선생님이랑 그 반 전체가 다 못 올라갔대요. 이 이야기를 우리 반 애들한테 들려줘야겠다는 생각이 들더라고요. 동질성 얘기할 때 얼마나 좋아요. "선생님이랑 너희랑, 소풍을 갔어. 그때 갑자기 전쟁이 일어나서 학교로, 집으로 못 돌아간다고 생각해 봐. 그게 바로 남북 이산가족이야." 이런 이야기를 들려줘야겠다는 생각이 들더라고요.

할규진 결국 열린 민족주의보다는 오히려 *끈끈한* 민족주의를 교육시켜야 된다는 얘기인 건가요?

김현희 우리가 통일 교육을 할 때 "감성을 건드려야 된다."라거나 "감정에 호소를 해야 된다."라는 말에 일부 동의해요. 민족 자체가 가족애처럼 이성보다는 감성적으로 다가갔을 때 더 쉽게 다가올 수 있으니까요. 하지만 기본적인 이해 없이 감정에만 호소하면 시간이 지나면 퇴색되기 마련이에요. 그래서 이성과 감성 양쪽에서 동시에 접근하는 게 더 효과적일 거란 생각이 들어요. 한쪽에서는 좀 감정적인 터치도 하고, 한쪽에서는 좀 탄탄하게 어떤 근거로 우리가 한 민족인지, 지금과 같은 다문화 시대에서 어떤 자세로 열린 민족주의를 받아들여야 하는지를 생각해 보게 하는 거예요. 이를 위해 가장 문제되는 것이 교육 시간 확보예요. 시간 확보가 되지 않기 때문에 어느 하나도 제대로 하지 못하니 통일을 해야 한다는 결론만 반복해서 가르치게 되는 게 아닐까요? 민족에 대한 기본적인 이해 없이 통일에 대한 당위성만 강조하는 것은 아이들에게 통일을 강요하는 것밖에 되지 않는 거죠. 기본적인 이해와 뿌리가 없이 통일 교육을 받은 아이들이 매스컴에서 나오는 왜곡된 정보들을 접하게 되면 필터링하지 못한 채

올바르지 못한 방향으로 결론을 내릴 수 있다는 생각이 들어요.

양미정 감성을 자극하는 통일 교육에 동의하면서도 여전히 북한은 안보를 위협하는 존재이기에 때문에 신뢰를 가지고 다가가기엔 어려움이 많은 것 같아요. 더구나 아이들일수록 남한의 안보를 위협하는 북한에게 민족의식을 느끼기란 쉽지 않겠죠. 그래서 저는 안보와 민족 공동체 문제를 어떻게 해결해야 할지 늘 고민이에요.

장세영 결국 북한 주민과 북한 정권을 분리해서 바라볼 수 있는 시각을 키워 줘야 되는 걸로 결론이 가야 되지 않을까요?

함규진 여기에 이제 갓 서른 되신 분도 계시는데, 그래도 그 정도 세대까지 민족을 생각하시는 것을 보면 합리적이고 미래 지향적인 것만 갖춰 주면 민족주의가 유지될 수 있고, 통일의 밑거름이 되겠다는 생각이 듭니다. 정리하자면 대충 '우리가 민족주의를 포기하거나 배제하는 것은 마땅치 않다.'라고 합의된 것 같네요. 또 동질성 문제에서는 감정을 잘 건드릴 수 있는 것, 특히 "저학년 단계에서 우리는 한 민족이고, 그러기 때문에 우리는 통일을 지향해야 된다는 생각을 하게 할 수 있는 교육 프로그램과 자세가 필요하다."라고 정리되는 것 같네요.

박희나 한 가지 궁금한 게 있는데요. 과거 정권을 보면 노무현 정권하고 김대중 정권은 통일에 우호적이었고, 평화 통일의 관점에서 교육을 했던 정권이이라면 그 외의 정권은 대체로 통일을 이야기하지만 사실은 북진 통일이라든가, 아니면 체제를 유지하기 위한 수단으로서 통일을 이야기했단 말이에요. 여기 계신 선생님들은 어떤 정권에서 교육을 받았는지 생각해 볼 필요가 있는 것 같아요. 지금 가지고 있는 민족에 대한 생각, 통일에 대한 관념을 어떻게 가지게 되었는지가 궁금하더라고요.

김현희 저는 6차 교육 과정 시대에요. 선생님도 6차인가요?

박희나 저는 1994년도에 초등학교에 입학했습니다.

김현희 그럼 6차하고 7차를 같이 겪으셨겠네요.

양미정 저는 박정희 대통령 '서거'를 전후예요.

장세영 노태우, 김영삼 정권 때였죠.

이경아 저도 전두환 정권하고 노태우 정권······.

김현희 지금 생각해 보면 제가 학교 다닐 때는 심한 반공까지는 아니고 승공 교육에서 조금씩 통일 교육 쪽으로 넘어가는 시기였던 것 같네요.

서울 용산 전쟁 기념관 내부의 이승복상.

<u>장세영</u> 저도 그렇게 넘어갔던 것 같아요. 초등학교 입학했을 때 선생님이 아이들을 데리고 다니면서 학교 소개를 했는데, 이승복 어린이 동상 앞에서 엄청나게 열렬히 공산당에 대해서 이야기를 하시는 거예요. 1학년 아이들이 그런 이야기를 들으면 얼마나 무섭겠어요, 북한에 대해서 아직 개념이 없을 때니까. 그때 나도 북한군이 총을 들고 오면 '공산당이 싫어요!'라고 말을 해야 되나 하는 생각이 들더라고요. 그런데 조금 지나고 나면서부터는 약간 통일 교육 쪽으로 바뀌었던 것 같아요.

<u>함규진</u> 저도 초등, 아니 당시에는 국민학교를 다녔죠. 당시에는 모든

국민학교에 이승복 동상이 있었어요. 그러다 아마도 2000년대 초의 분위기 때문에 철거되었을 거예요. 그런데 최근에 다시 부활했더군요. 용산 전쟁 기념관에요.

이경아 저는 장세영 선생님보다 조금 앞인데, 1학년 땐가 2학년 때 손들고 발표를 했어요. 북한 사람들은 승냥이의 모습을 하고 손톱이 뾰족하다고 말이죠. 제가 도서관에서 읽었던 책이 옛날 책이었던 거예요. 약간 누리끼리한 종이로 된……. 그래서 선생님이 통일에 대해서 "북한 사람은 어떨까요? 간첩은 어떻게 생겼을까요?" 물어보실 때 자신 있게 대답을 했어요. 손이 지저분하고, 손톱이 뾰족뾰족하고. 그리고 〈똘이장군〉[12]이 기억나요. 북한군이 승냥이로 나왔었나요? 또 간첩은 "산에서 내려왔기 때문에 지저분하고 얼굴이 험상궂을 것이다."라고 했는데 선생님이 "땡!"이라고 하셨어요. 간첩도 우리랑 똑같은 사람이고 서울 말씨를 쓴다고 해서 충격을 받았어요. '분명히 책에서 봤을 때는 그렇게 나왔었는데……' 하면서요.

함규진 〈똘이장군〉을 보면 북한 주민과 정권이 분리되어 있지 않습니까? 말하자면, 사악한 공산 집단의 노예가 되어 있는 북한 주민들……. 분리가 아주 자연스럽게 돼 있어요.

---

12 1978년과 1979년에 제작된 대표적인 어린이용 반공 애니메이션. 산속에서 동물과 함께 살던 야생 소년 똘이가 북한군을 무찌르고 남한으로 오며, 남한에서는 남파된 간첩들을 때려 잡는다는 내용이다.

만화 영화 〈똘이장군〉 포스터.
돼지(김일성)와 늑대(북한 공산당)의 손에서 똘이 장군이 북한 주민을 구해 낸다.

양미정 저는 그걸 보면서 북한 사람들이 불쌍하다는 생각보다는 북한에 대한 두려움이 컸던 것 같아요.

이경아 무섭기만 하지, 동질성은 느끼지 못했어요

함규진 우리가 이야기한 '분리적 접근' 또한 노린 작품이었을 텐데⋯⋯. 공포감이 강하게 유발되면 연민의 감정이 억압되고, 대상에 대한 부담감으로 변질되는 셈일까요?

<u>양미정</u> 그럴 것 같아요. 당시 저는 북한 사람들을 도와줘야겠다는 생각보다는 "북한은 너무 무서운 존재다."라는 생각만 들었어요.

<u>함규진</u> 아무튼 이승복과 똘이장군은 모두 초등학생 연령대이고, 이들이 북한의 희생자, 또는 영웅으로 제시됨으로써 어린 학생들이 북한을 미워하는 쪽으로 정체성을 구축하도록 유도되었을 거예요. 민족 정체성이 아니라. 분리보다는 그쪽이 앞섰겠죠.

<u>박희나</u> 우리 때는 북한이 무서운 존재로 교육을 받지 않았어요. 1994년도에 초등학교에 입학했는데 1·2학년 때부터 꾸준히 북한 친구들에게 편지 쓰기를 했어요. 판문점에 가서 풍선에 달아서 날리기도 했고요.

<u>장세영</u> 아, 진짜 가서 날려 보냈어요?

<u>박희나</u> 네. 그때는 막거나 하지 않았어요. 2학년 때는 "북한 아이들은 다 깡통을 들고 다닌다."라고 해서 편지 쓸 때 "우리가 통일이 되면 그러지 않아도 돼."라고 썼어요.

<u>양미정</u> 그건 지금도 마찬가지예요. '통일 교육 연구 학교 보고회'에 참관해서 학생들이 소감문 쓴 걸 봤더니 아직도 "너희는 불쌍하게 굶주리고 있어서……."라고 쓰고 있더군요.

이경아 각 정권마다 북한에 대한 저마다의 이미지가 있네요.

박희나 "우리 민족이 고생하고 있다. 빨리 통일이 돼야 된다."라는 생각을 많이 했던 것 같아요. 중·고생 때는 학교 선생님들이 깨어 있으셔서 그런지 우리 민족의 역사를 많이 이야기해 주셨어요. 또 "통일은 이 시대의 마지막 과업이다."라고도 하셨죠. 그러다가 2008년에 통일부 대학생 기자단 1기를 했었는데 "통일은 이런 거구나."라고 많이 생각했던 것 같아요. 정권별로 원했던 것이 다르지만, 어쨌든 저는 통일 교육의 효과를 본 세대인거 같아요. 제 친구들도 다 그렇게 생각하고요. 제가 어디 가서 통일 교육 강사를 한다고 하면 중·고등학교 동창이나 대학교 친구들이 모두 다 "정말 중요한 일 한다."라고 말하거든요.

할규진 세뇌라는 표현을 써서 좀 그렇습니다만, 세뇌도 제대로 되려면 세뇌하는 쪽에서 열정적으로 해야 돼요. 아까 말씀하신 선생님처럼 이승복에 대해서 열변을 토하시면 비판적인 사고가 없는 아이들의 뇌리에 반공 이념이 박히고, 나중에 성장해서도 '임프린트' 된 상황이 되거든요. 양미정 선생님이 북한 출신은 우리와 다른 존재일 것 같다고 의식하셨던 것처럼요. 그런데 지금 우리가 민족을 얘기하고 통일을 얘기하면서 그런 식의 열정을 낼 수가 있을까요? 가르치는 사람이 열정이나 영혼 없이 그냥 "우린 통일해야 합니다. 왜냐면 한 민족이거든요."라고 한다면 받아들이는 사람 입장에서도 별로 세뇌가 될 것 같지 않아요. 그래서 교사들 스스로가 민족을 계속 이야기해야 되고, "왜 우리는 통일을 지향해야 되는가?"를 근본적으로 생각할 필요가 있다고 생각합니다.

5장

21세기에 맞는
안보란?

21세기에 맞는
안보란?

장세영경일초등학교 교사

안녕하세요. 안보 부분을 맡은 장세영입니다.

북한과 안보라는 주제를 생각했을 때 자연스럽게 우리가 떠올릴 수 있는 게 6·25 전쟁을 시작으로 해서 핵무기 개발에 이르기까지 대체로 군사적 도발 문제입니다. 그래서 간단하게 조사를 해서 보니까 북한의 군사 도발이 1967년부터 2010년까지 매년 30건[13]이 넘게 지속적으로 있었습니다. 또 최근에는 완벽하게 규명된 것은 아니지만 북한이 한 것으로 추정되는 사이버 해킹 사례도 있었고요. 그리고 〈디인터뷰〉라는 영화를 제작한 것 때문에 소니픽처스 사가 해킹 당했는데, 미국 연방 수사국에서는 공식적으로 북한 소행이라고 단정을 지

---

13 〈2014 국방 백서〉(격년 발간되는 〈국방 백서〉로서는 현 시점에서 최신판임)에 따르면 북한이 자행한 대남 도발은 2014년 말 기준 총 3,040건에 이른다.

소니픽처스에서 2014년에 제작한 코미디 영화 〈디 인터뷰〉.
김정은을 암살한다는 내용으로 북한의 격렬한 반응을 불러일으켰다.

었습니다. 그 이후에 다른 해외 전문가들이 "북한이 아니라 러시아 해커들이 가담한 가능성이 있다."라고 이야기를 했다고 하는데, 정확한 사실은 알 수 없습니다. 그 이후에 있었던 한국수자원공사 해킹도 북한 소행으로 추정되고 있습니다. 또 세 차례 핵 실험[14]이 있었는데, 마지막 핵 실험의 폭발력은 히로시마 원폭의 약 2배 이상으로 추정이 되고 있습니다. 이런 사례를 봤을 때, 분명 북한은 남한의 안보를 강

---

14 북한은 이 대담이 이루어지던 2015년 말까지 세 차례 핵실험을 했고, 이 책이 출판되기까지의 사이에 두 차례(2016년 1월 6일, 9월 9일) 더 핵실험을 실시했다.

하게 위협하는 세력임이 틀림없습니다.

〈통일 교육 지침서〉에 안보에 대해서 목표가 세 가지로 나와 있는 데, 두 번째 '건전한 안보관'을 보면 '북한의 위협으로부터 우리 가족과 삶의 터전을 지키고 대한민국의 자유와 번영을 보호하는 것'이라고 하고 있습니다. 또 한편으로는 '균형 있는 북한관'이라고 해서 북한은 장차 민족공동체로 통합하기 위한 상대이기도 하지만, 동시에 우리 안보를 위협하는 경계의 대상이라는 점을 강조하고 있습니다. 그런데 예전 2007 교육 과정 지도 내용을 살펴보면 학교 교육 과정에서는 안보와 직접적으로 관련된 내용은 거의 전무하다시피 했습니다. 당시 정권의 성향과 사회적 분위기를 반영한 듯한데, 그 때문에 여러 가지 비판도 나왔던 것으로 압니다. 그래서인지 새로운 개정 교육 과정에는 안보와 관련된 통일 교육 내용이 많이 실렸다고 합니다.

그런데, 안보 교육은 통일 교육 전체 안에서 생각하는 게 중요하다고 생각합니다. 왜냐하면 북한이 아무리 우리와 갈등이 있고 실질적 위협이 되는 대상이라고 하지만 결국 통일의 대상이기도 하기 때문에 무조건 '북한은 주적'이라고 했을 때 통일 교육 모두가 무의미해질 수도 있기 때문입니다. 그래서 저는 이 안보를 방어의 개념으로 생각하는 게 맞지 않을까 싶습니다. 주적이 있고 그 주적을 쓰러트려야 한다는 식의 교육이 아니라, 북한이나 또 어떤 세력이 우리를 공격할 수 있다, 그러면 우리 사회와 국민을 지켜야 하기 때문에 방어적 맞대응을 할 수밖에 없다, 그렇지만 그런 일 자체가 생기지 않도록 애써야 한다는 방향으로 통일 교육을 진행하는 것이 맞지 않을까라고 생각합니다.

한편 우리 아이들은 안보와 관련되어, 매우 위협적인 존재로 북한을 이야기 하는 정보를 TV를 비롯한 각종 매체와 부모님을 통해 접하고 있습니다. 즉 학교에서는 북한과 통일을 해야 된다고 교육을 받고 있지만, 학교 밖으로 나가면 북한은 굉장히 위협적인 존재로 인식할 가능성이 높아지는, 아이들 입장에서는 굉장히 혼란스러울 수밖에 없는 상황에 놓여 있는 것입니다.

그래서 저는 안보와 통일 문제에 대해서 우리 아이들이 어떻게 생각하고 있는지를 살펴보려고 5·6학년 124명의 학생들을 대상으로 설문 조사를 해 봤습니다. 1번 질문이 "북한은 친구인가요? 적인가요?"이고, 이 질문에 대해서만 보기를 제공했습니다. "보기 1번 친구, 보기 2번 적, 보기 3번 기타."였는데, 1번 친구가 35명, 2번 적이 52명, 3번 기타가 37명으로 나왔습니다. 기타의 경우 친구도 아니고 적도 아니라고, 조금은 북한 동포와 정권을 분리하고 있는 학생들이 소수가 있었고, 나머지는 "잘 모르겠다."라고 대답했습니다. 2번 질문에서는 위와 같이 답변한 이유를 물었는데, 친구라고 한 학생들은 많은 수가 한 민족, 한 나라, 동포라는 이야기했습니다. 한편 적이라고 한 학생들은 핵무기와 공격적인 것을, 또 기타 답변을 한 학생들은 "잘 모르겠다."라고 대답하는 경우가 많았습니다. 세 번째 질문으로는 두 개의 소 질문으로 나눠서 친구라고 답했다면 "북한이 우리를 공격한 것에 대해서 어떻게 생각하느냐?", 적이라고 답했다면 "우리가 통일을 해야 될 대상이라는 것에 대해서는 어떻게 생각하느냐?"라는 주관식 질문을 했습니다. 친구라고 생각한 학생들은 감정적으로 "북한이 잘못했다. 나쁘다. 원망스럽다." 식의 답변이 많았고, 적이라고 답변한 학생들은 구체적으로 쓰진 않았지만 "통일은 해야 한다."라고 썼습니다. 그래서 저는 이 부분에 대해서는 북한을 적이라고 생각하지만 학생들이 나름대로 북한 정권과 북한 주민을 분리해서 생각하고 있지 않은가라고 해석했습니다. 또한 적이긴 하지만 북한을 우리와 통일을 해야 되는, 화합을 해야 되는 대상으로도 인식을 하고 있다는 생각도 들었습니다.

1. 북한은 친구인가요? 적인가요?

친구	적	기타(37)	
		친구도 아니고, 적도 아니다	7
		친구도 맞고, 적도 맞다.	7
		사람이다.	7
		모른다.	6
35	52	애매하다.	2
		이웃이다.	1
		정권 빼고 친구이다.	3
		같은 나라 / 한 민족이다.	3
		썸 타고 있다.	1

2. 위와 같은 답변을 한 이유는?

친구(34)		적(51)		기타(33)	
한민족, 나라, 동포	16	공격/위협/괴롭힘	14	원래는 한 나라/민족	8
예전 친구	6	다른 나라 사람	1	정권은 적/시민 친구	7
친구는 친구일 뿐 (같은 나이, 사람)	9	사람이 죽었다.	2	지금(통일 전)-적 미래(통일 후)-친구	6
가깝다	1	적이다.	4	위협은 하나 공격 안 해	1
같은 세계/인류	2	핵무기	8	어렵다. / 모르겠다.	10
		간첩	1	관심 없다.	1
		행동이 싫다.	1		
		나쁜 짓	2		
		미사일	8		
		전쟁 중	5		
		친해질 마음 없다.	1		
		그냥	3		
		무기 개발	1		

3-1. 친구라고 답변했다면, 북한이 서해 교전 및 연평도 공격 등 우리나라를 공격한 것에 대하여 어떻게 생각하나요?

언젠간 좋아질 것이다.	1	나쁘다. 잘못했다. 심하다. 원망	18
설득 / 잘 타이르자.	3	모름	2
북한이 우리를 친구라 생각 안 한다.	2	우리를 견제한다.	1
북한 정권 잘못	4	관종*	1
그저 그렇다.	1	바보	1

*'관심 종자'의 줄임말로, '누군가의 관심을 받고 싶어서 자극적이고 도발적인 행동을 일삼는 사람.'을 의미하는 은어.

3-2. 적이라고 답변했다면, 북한과 남한이 한 민족으로서 통일을 이루어야 한다는 점에 대하여 어떻게 생각하나요?

통일해야 한다.	26	통일 반대한다.	16
중요히지 않다.	1	모름	2
기다린다.	1	보통	1

'안보'와 '평화'의 의미를 다시 생각하자

할규진 통일을 하지 말아야 한다는 의견도……. 꽤 만만치 않군요.

장세영 네. 통일에 반대하는 학생도 열여섯 명이나 나왔어요. 그런데 저는 이 부분에 대해서 가능성을 조금 봤거든요. 처음에는 적이라고 생각하는 아이들이 많아서 조금 심각하지 않은가라고 느꼈지만, 한편으로는 마지막 답변에서 그래도 희망이 있지 않을까라는 생각을 했어요. 북한이 적이지만 통일을 해야 한다고 답변한 학생이 스물여섯 명이나 됐거든요. 물론 이건 해석하기에 따라서는 조금 차이는 날 수 있을 것 같습니다. 전에 말씀하신 대로 진짜 생각과는 달리 '정답'을 적었을 수도 있고, '북한을 무찌르고 통일하자.'라는 의미를 적은 경우도 있겠죠.

저는 북한이 통일을 해야 되는 대상이기도 하지만 한편으로는 남한의 안보를 강력하게 위협하는 존재이기 때문에, 학교에서 안보 교육이 반드시 필요하다고 생각합니다. 사회 매체를 통해서만 아이들이 이 부분을 받아들이도록 방치하고 있는 것도 굉장히 큰 문제가 될 수도 있다고 생각하고요. 하지만 안보 교육이 통일 교육 안에서 이루어져야 한다는 생각에는 변함이 없어요. 구분될 수도 없는 문제인 거 같고요. 그러나 북한을 적으로 생각해 적대시하면 우리가 먼저 군사적 공격을 하지는 않더라도 공격성을 키울 수 있는 가능성이 있기 때문에 안보 교육은 넓은 의미에서 평화를 유지할 수 있는 교육으로 가야 한다고 생각합니다.

끝으로 '인간 안보'에 대해 말씀드리고 싶어요. 인간 안보라는 개념을 간단하게 소개하자면, 1994년 유엔 개발 계획이 새로운 안보 개념으로 처음 제시한 거예요. 군사 감축이나 군비 축소 외에도 인권, 환경 보호, 사회 안정, 민주주의 등이 기본적으로 보장되어야만 진정한 세계 평화가 가능하다는 생각에서 출발한 개념이죠. 1970년대 이후에 사회 경제적 문제가 전쟁의 원인으로서 대두되면서 이 개념이 나오게 되었다고 합니다. 또 개인의 안보를 국가의 안보보다 우선시하는 개념이기 때문에 인간의 평화를 해칠 수 있는 모든 요소를 안보 위협의 요인으로 보는데, 여기에는 군사적인 위협뿐만 아니라 경제적 고통으로부터 자유, 삶의 자유와 인권 보장 등까지도 포함됩니다. 따라서 우리 사회에서 기본적인 인권을 못 누리는 것 또한 안보 위협으로 간주할 수 있겠죠. 마찬가지로 현재 북한 주민들이 북한 정권에 의해서 엄청나게 인권 위협을 받고 있기 때문에 인간 안보라는 관점에서 보면 북한 주민, 즉 미래의 우리 국민이 현재 안보를 위협받고 있는 대상에 포함되겠더라고요. 그렇다면 미래의 우리 국민인 북한 주민의 안보를 생각할 수 있는 학교 교육이 이루어져야 하는 게 아닐까요? 그렇게 하면 안보 교육이 통일 교육과 같은 기조로 나아갈 수 있는 합의점을 찾을 수 있지 않을까 생각합니다.

<u>함규진</u> 좋은 포인트를 말씀해 주셨네요. 사실 제가 남북한 관계에서 인간 안보를 중시해야 한다는 입장인데, 저는 조금 다른 쪽에서 접근했다고 할 수 있습니다. 국가 안보가 최선의 가치가 되고 유일한 가치가 된다면, 흔히 하는 말처럼 '0.0001퍼센트의 가능성에도 대비하는 안보'를 말 그대로 실천하려면, 군 복무 기간이 십여 년씩으로 늘어나야죠. 평소에도 민간인이 군사 훈련을 해야 하고요. 언제라도 전쟁을 할 수 있는 그런 준비를 갖추어야 하는 거죠. 어떻게 보면 현재 북한이 그렇습니다. 중학생부터 대학생까지 교련이라는 것을 했던 과거의 우리도 어느 정도 그랬고요. 그런데 인간 안보 입장에서 보면 그 상황 자체가 위험한 거죠. 많은 사람들이 군사 훈련을 하고, 군대에 들어간다거나 요즘 사회에서 문제가 되는 것처럼 군에서 의문사를 당한다거나 총기 난사, 가혹 행위 같은 것이 자꾸 일어나는 것 말이에요. 또 민간인들이 지뢰를 밟아 죽기도 하잖아요. 그러니까 국가를 위해서 안보를 강화하면 할수록 개인의 안보는 점점 위협받는 상황인 거예요. 애당초 개인의 안보를 위하여 국가가 존재하는 것인데 말이지요. 하지만 인간 안보에 초점을 맞추게 되면 '남북한이 모두 군축을 하고, 긴장 완화를 하고, 서로간의 전쟁 가능성에 대해서 생각하지 않을 수 있는 상태를 만들자!'라고 하게 되죠.

<u>양미정</u> 그게 '비전통적 안보'라고 하는 것인가요?

<u>함규진</u> 그 일부라고 하겠지요. 전쟁 문제가 전통적 안보라고 할 때 비

1975년 6·25전쟁 25주년을 맞아 여의도 광장에서 고등학생 교련 합동 사열 및 실기대 모습.
서울시내 148개 남녀 고교 학생 대표 등 4만 3천 명이 참석하였다.

전통적 안보는 인간 안보와 '비군사적 안보'를 포괄하는 개념입니다.
최근 들어 주목받게 된 개념이죠. 비군사적 안보란 이런 내용입니다.
지금까지는 군사적 안보 차원에서 외국이 우리나라를 침략하는 것만
안보 문제로 따졌었죠. 하지만 대량의 인명 피해와 재산 피해가 발생
하는 건 꼭 전쟁만이 아니거든요. 지진, 해일, 홍수, 전염병 같은 자연
재해나 테러, 난민, 방사능 같은 사람이 만든 재난도 그 못지 않은 피
해를 가져올 수가 있죠.

그러니까 지금까지 민간 영역이나 사회 영역이라고 봤던 것을 이제
안보 영역으로 확대해서 보는 겁니다. 그래서 지금은 해적이나 테러
리스트를 잡는다거나 마약 거래를 차단하는 것, 또 대규모 전염병이
라든가 황사, 방사능을 차단하고 자연 재해의 피해를 최소화 하는 것

도 안보의 대상으로 삼고 있어요.

그런데 북한은 경계를 맞대고 있는데다가 또 워낙 많이 낙후되어 있는 상황이기 때문에 그쪽에서 뭔가 문제가 발생하면 우리가 큰 피해를 입었을 가능성이 꽤 많죠. 가령 북한에서 에볼라 같은 게 발생해서 우리나라로 들어오거나 홍수가 나서 우리나라까지 영향을 미칠 수도 있거든요. 그냥 드리는 말씀이 아닙니다. 주민들이 집단적으로 영양 상태가 낮은 지역에서 전염병이 창궐하기 쉽고, 예상 못할 돌연변이가 나타날 가능성도 높죠. 또 식량난을 어떻게든 해결해 보려고 북한 곳곳의 산이 화전 농법으로 황폐해지고 있는데, 그러면 홍수가 일어날 가능성이 높아집니다. 또 북한이 완전히 붕괴해서 난민들이 들어와서 우리 사회를 여러 가지로 혼란스럽게 만든다거나, 북한에서 범죄 조직이 활동해서 우리나라에 테러를 하거나 마약을 들여오는 것도 생각할 수 있어요.

그걸 봤을 때 우리가 나 몰라라 하고 있을 것이 아니라 어느 정도 북한을 도와주고, 함께 북한의 문제를 해결하면 북한도 좋아지겠지만 그만큼 우리나라의 비군사적 안보 불안을 더는 것도 되지 않을까요?

나라를 지키면서 통일을 이루자?

이경아 장세영 선생님이 방금 전 말씀하신 새 교과서 말씀인데요. 제가 올해 4학년을 가르쳤는데요. 안보를 굉장히 중요하게 강조하는 내용이 나와서 놀랐어요.

장세영 아예 안보를 통일 단원의 핵심 내용으로 잡은 건가요?

김현희 네. 이번 도덕과 개정 교육 과정에 '튼튼한 안보'가 들어 있어요. 그에 맞춰 교과서를 만든 거겠죠.

이경아 새로 바뀐 교과서는 통일 관련 주제와 양은 많이 줄고, 안보 내용은 굉장히 강하게 들어가 있어요. 한 예로 '통일을 이루어야 될 마음가짐 세 가지'가 있는데 '아끼고 이해하는 마음', '주인 정신', 그리고 세 번째가 '안보를 튼튼히 하는 마음'이래요. 또 안보가 잘 갖춰질 때 평화를 지키며, 통일을 만들어 갈 수 있다고 나와 있고, 이것은 교수님 말씀과 좀 연관되는 것 같은데, 나라 경제를 발전시키는 것, 국민들이 법과 질서를 잘 지키며 높은 도덕성을 가지고 생활하는 것, 자연을 잘 보호하고 갑작스런 재난에 대비하여 안전하고 행복한 사회를 만들어 가는 것도 국가 안보를 튼튼히 하는 거라고 나와 있어요. 표어가 이렇죠. '나라를 지키면서 통일을 이루자.'

그리고 천안함 사건과 연평도 포격에 관한 내용이 나오면서 사진이 실려 있는데 '천안함 46용사 묘역.', 그리고 '북한군의 기습 포격에 K-9 자주포로 대응 사격을 가하고 있는 해병대원의 용맹스런 모습.' 이라고 나와 있어요. 앞에서는 남북한 교류를 이야기하고 통일 친구라고 했는데, 갑자기 논조가 바뀐 내용이 나와 어떻게 가르쳐야 할지

| ▲ 천안함 46 용사 묘역(국립 대전 현충원) | ▲ 북한군의 기습 포격에 K-9 자주포로 대응 사격을 가하고 있는 해병대원들의 용맹스러운 모습 |

초등학교 3-4학년군 도덕 4 교과서 107쪽 내용.

좀 놀랐어요.

초등학교 4학년 아이들이 전쟁 이야기를 듣고, 여기에서 나온 것처럼 용맹하게 싸우는 해병대원의 모습을 봤을 때 과연 어떤 생각이 들까요? 아마도 북한을 껄끄럽고 무서운 존재나 우리가 싸워야 되는 존재라고 생각할 것 같아요.

장세영 그게 다르게 이야기하면 "내가 위험하면 상대를 죽여도 된다."라는 생각으로 이어지기 쉽잖아요. 하지만 전쟁이 일단 일어나면 과연 누가 안전할까요? 누가 일으키든, 누가 공격을 받든 결국 우리 남한은 불바다가 될 것이고, 북한 주민들의 경우도 엄청난 사상자가 생길 수도 있고…….

김현희 지금의 방향을 너무 확대 해석하지는 말아야 할 것 같아요. '무찌른다.'라는 것은 '방어해야 한다.'라는 이야기이지, '공격하자.'라는 건 아니죠.

이경아 '용맹스러운 해병대원'이라는 교과서의 표현은 그 싸움이 비극적인 일이었다는 의미보다는 우리가 용감하게 적을 무찌른 자랑스러운 일이었다는 의미를 담고 있다고 생각해요. 거기서 한 발짝만 더 나가면 '적이 우리를 공격하기 전에 우리가 나서서 무찌르자!'라는 생각도 들 수 있죠. 북한 땅굴 이야기에 열을 올리고, 노동 운동이나 대형 사고나 뭐든 우리나라에서 일어나는 문제는 전부 북한 소행이라는 사람들 생각도 그렇다고 봐요. 안보 불안을 지나치게 부추기려는 사람들 말예요. 물론 북한과 전쟁을 했던 게 사실이고 지금도 위협이 되는 건 사실이니 전쟁 불안은 있을 수 있겠죠. 저도 가족들이랑 그런 이야기를 해 봤는데요. "전쟁 일어나면 어디서 만날까?" 하고요.

김현희 저도요. 사실 저도 가끔 전쟁이 나면 어떻게 해야 할지 상상을 했었거든요. 정말 전쟁이 나면 저희 부모님이랑 남편이랑 부안에 있는 초등학교에서 만나기로 약속했거든요. 물론 우스갯소리로 한 말이었지만 정말 전쟁이 나서 가족들과 연락이 끊긴다면 부안초등학교로 갈 계획이에요.

이경아 실제로 몇십 년 전에는 남북 정세가 안 좋았을 때 생수나 라면이 동난 적도 있었잖아요. 그런 기억이 있었던 사람들로서는 안보 불안이 계속될 거거든요. 하지만 안보 불안이 있을 때마다, 사건이 있을 때마다 안보를 강조하고 북한을 위협적 존재로 부각시키면서 동시에 "북한은 포용해야 하며, 이해해야 하며, 존중해야 하는 존재입니다." 라고 얘기할 수 있을까요?

김현희 그러니까 이경아 선생님은 안보 교육보다는 화해와 교류, 협력, 평화 교육 쪽에 조금 더 비중을 두자라는 말씀이신 거죠?

이경아 안보 교육은 해야 하는데, 그 안보 교육의 방향이 어떻게 나아가야 되는가, 이대로 좋은가, 이거예요. 예를 들어, 우리 옆집 사람이 아파트 소음 문제로 우리 대문을 만날 두드리고, 계속 위협을 가하면서 우리 아버지랑 싸워요. 그런데 아버지가 "아버지는 싸우지만 너희는 친하게 지내야 된다. 너희는 옆집 아저씨를 존경하고 이해해야 한다. 저 아저씨가 우리 집에 와서 폭력을 휘두르지만 그래도 너는 저 아저씨 이해하고 존중해 드려라."라고 하면, 과연 그 아이의 마음속에 "그래, 저 아저씨는 존중해야 되겠지."라는 생각이 들까요? 그 아저씨가 무섭고 피하고 싶은 존재가 되지, 이해하고 존중하고 친하고 싶은 존재가 될까요? 그런 고민을 했어요.

사실 개성 쪽이 북한의 군사 요충지였대요. 그래서 개성을 공단으로 만드는 게 굉장히 어려웠겠죠. 왜냐면 북한에서는 군사 요충지인데, 공단으로 만들어 놓으면 얼마나 많은 남한 사람들과 물자가 왔다 갔다 하냐는 말이에요. 그런데 그거를 이뤄 냈다는 거예요. 그러면서 많은 사람하고 물자가 왔다 갔다 하니까 더 이상 군사 요충지인 개성의 위험한 이미지가 없어지는 거죠. 서해도 남북한 간에 충돌이 많고 위험한 지역이라 우리가 국방을 튼튼히 해야 되는 것도 맞지만, 이 서해를 도리어 관광이나 교류의 장으로 이용하면? 우리나라 사람뿐 아니라 외국 사람도 많이 오간다면? 이런 생각을 해 봤어요. 안보 교육이 아니라 화해나 교류를 강조하는 교육이 되어야지, "무서우니까 더 튼튼하게 지키자! 우리 모두 조심하고 의심하자!" 이건 아닌 거 같아요.

함규진 '북한이 적인 동시에 우리의 동포.'라고 통일 교육에서 이야기하고, 북한 주민과 정권을 분리한다고 하지만 많은 경우에 앞뒤가 안 맞을 것 같아요. 또 제가 보기에는 학생들은 적이라는 말에 더 민감하게 반응할 것 같고요. 그래서 저는 사회과 교육으로 안보 교육을 넘겨서 '북한에 대해서 우리가 안보를 신경 써야 되지만 북한만이 아니라 일본, 러시아, 중국 등 모든 나라가 모두 협력의 대상인 동시에 안보를 따져야 하는 대상.'이라고 가르치는 게 낫지 않을까 하는 생각이 듭니다. 그리고 굳이 안보를 말한다면 통일 교육의 관점에서 인간 안보나 비군사 쪽으로, 그리고 평화 교육으로 접근하는 것이 좋다고 보고 있습니다.

장세영 결국 평화 교육으로 가야 되는 거네요. 내가 먼저 폭력을 유발하면 안 된다는 쪽으로, 즉 평화적인 안보 교육으로 나가야 될 것 같아요. 또한 아까 말씀하신대로 안보는 사실 북한에만 국한해서 생각할 수 있는 부분이 아니잖아요. 요즘 IS 같은 위협도 있고, 비군사적 안보를 생각한다면 에볼라가 있을 수도 있는 거고, 개인 또는 사회 구성원의 안녕을 해치는 모든 요소를 안보 위협 대상으로 볼 수 있잖아요. 그 요소들에 대처하는 교육이 되어야겠지요. 하지만 한편으로, 북한의 위협도 분명한 사실이죠. 북한의 위협에 대응하는 안보 교육도 필요하고요. 그런 점에 대해서는 어떻게 생각하세요?

김현희 북한 사람의 대부분이 군인이거나 군인 출신이잖아요. 그렇게 생각해 본다면 북한 주민 전체가 다 우리랑 반대되는 집단이죠. 그렇지만 북한 주민들을 자의가 아닌 그렇게 할 수밖에 없도록 만드는 중추 세력이 있고, 그 세력 때문에 선택이 아니라 강제로 북한 주민들이 군대에 가게 되는 거잖아요. 북한 군인이라고 해도 옛날 반공 교육 때 배운 것처럼 악마가 되어서 그런 게 아니라 위에서 시키니까 할 수 없이 도발을 감행하는 것이고요. 그렇다면 '우리가 안보 교육을 철저히 하게 되면 아이들이 북한과 통일에 대해 부정적으로 생각할 것.'이라고 결론을 내리는 것은 조금 무리가 있는 것 같아요.

양미정 그렇지만 감수성이 높은 아이들에게 북한의 무력 도발만을 강조하여 교육한다면…….

이경아 문제가 분명히 있다고 봐요. 제가 이렇게 말씀드리는 이유는 6학년을 가르쳤을 때 몇몇 아이들이 "빨갱이는 바뀔 수 없다."라고 말하는 거예요. "나중에 통일되어 전학을 오거나 탈북을 하든 어쨌든 바뀔 수 없으니 다 죽여야 한다."라는 아이도 있었어요. 그래서 너무 안보를 강조하면 소수라도 아이들이 그런 오해를 할 수 있다고 생각한 거예요. 교육하면 된다고 하지만 그게 말처럼 쉽지는 않아요. 저도 '북한도 우수한 점이 있다. 편견을 가지지 말고 보자. 똑같은 인간이다.'라고 교육했지만, 일부 아이들은 끝까지 "빨갱이랑은 섞여서 살수가 없다. 북한과 섞여 살 바에는 자살해야 된다."라고 말하더라고요. 그래서 초등학교 저학년일수록 안보를 너무 강조하면 안 될 것 같아요.

박희나 저는 안보 교육이 필요하다고 생각하지만 과거처럼 분명한 사실을 무조건 덮어 버리는 식은 잘못이라고 봐요. 안보 교육의 내용에는 단계가 필요하다고 봐요. 성교육도 아이들이 들었을 때 감당할 수 없거나 잘못된 고정 관념이 생기면 안 되기 때문에 아이들의 발달 상황을 고려해서 하잖아요. 그런데 안보 교육에 대해서는 아이들의 발달 단계가 전혀 고려되지 않고 있어요. 저희도 통일 교육 나가면 1학년이든 6학년이든 북한은 우리를 군사적으로 위협하는 적임과 동시에 화해 협력의 대상이라고 가르쳐요. 어떻게 보면 성교육보다 더 어렵고 추상적인 내용인데 말이죠. 그래서 안보 교육은 학령을 고려한 단계 교육이 되어야 하지 않을까 하는 고민을 많이 했어요.

이경아 맞아요. 3학년에는 통일 교육 내용이 없다가 4학년에 갑자기 통일을 이야기하면서 안보가 너무 중요하게 나와요.

김현희 저는 안보 교육 중에서 오히려 역효과를 내고 있는 게 아닌가 생각이 드는 게 6·25 계기 교육이에요. 보통 1950년 6월 25일에 북한이 남침을 했다는 이야기를 시작으로 영상을 보여 주며 설명을 하죠. 그런데 그 영상에는 전쟁 통에 아기가 앉아 울고 있고, 사람들이 다치고 죽는 장면이 나오죠. 그런 영상을 북한에 대한 이해나 통일 교육의 기본 틀이 잡히지 않은 상황에서 보게 되면 북한을 적으로 생각할 수밖에 없어요. 6·25 계기 교육은 1학년도 받거든요. 적어도 그런 영상은 안 보여 줬으면 좋겠어요. 6·25 전쟁은 민족의 아픔이고, 다시는 반복되어서는 안 되는 전쟁이지만, 북한이 남한을 먼저 공격했기 때문에 북한은 우리의 원수고 적이라는 이미지가 먼저 그려지지 않아야 된다는 거죠. 북한은 언제든지 우리를 쳐들어올 수 있기 때문에 그렇게 되지 않도록 우리가 더 철저하게 준비해야 한다는 교육이 북한을 공격적이고 부정적인 대상으로 인식하게 하는 잘못된 결론으로 그치게 되는 경우가 많거든요. 계기 교육도 1학년부터 6학년까지 발달 단계에 맞춰서 했으면 좋겠어요. 저학년 시기에는 자극적인 영상보다는 만화 같은 매체로 이해하기 쉽도록 하고, 고학년 시기에는 조금 더 역사적인 측면에서 자세하게 가르치고……. 6·25를 비롯해 안보 교육에 대한 체계가 필요할 것 같아요.

이경아 외국 속담 중에 "새로운 목사보다는 아는 악마가 더 편하다."라는 이야기가 있대요. 내가 모르는 미지의 존재는 무섭고 두렵잖아요. 북한도 마찬가지인 것 같아요. 저는 저학년일 때 북한을 충분히

군 부대에서 주최해 초등학생들에게 실시한 '안보 교육' 장면.
북한의 '참혹한 고문 실태'를 적나라하게 묘사한 동영상을 시청하던 초등학생들이
울거나 토하는 사태가 벌어졌다.(2014년 7월)

알고, 이해하고, 서로 들여다볼 수 있는 기회를 많이 준 다음에 고학
년에서 안보 교육을 해야 된다고 생각해요.

함규진 장세영 선생님과 김현희 선생님은 '사실을 포장하지 않고 제
시를 해 줘야 된다.'라고 말씀하시는 것이잖아요. 그런데 문제는 과연
어디까지가 사실이냐는 거죠. 사실 아이들에게 배경과 의미까지 제시
해 줘야 되거든요. 사진만 보여 주고 "여기에 대해서 언급을 안 할 테
니 너희들이 알아서 찾아봐라."라고 한다면 제대로 된 교육이 아니죠.

김현희 그 배경과 의미라는 게 뭘까요?

함규진 가령 이 경우, 북한은 왜 자꾸 도발을 해 오느냐? 우리는 잘해 보려고 하는데 왜 저러는 거냐? 당연히 이런 의문이 들 수 있죠. 그런데 사실 그것은 북한, 남한, 미국, 중국 등이 복잡히 얽혀 있는 데서 나오는 문제예요. 현재 한반도의 상황은 전면전이 일어나기는 어렵고, 국지적 도발이 일어나기는 쉬운 구조거든요. 현실 사회주의 몰락과 김일성의 죽음 이후 계속 문제를 일으킴으로써 거꾸로 체제의 안전을 보장하려 하는 북한과 한미 동맹과 동북아 안정이라는 틀 속에서 도발을 당했어도 이를 보복하기가 쉽지 않은 남한의 입장, 핵 보유국 북한을 인정할 수 없으면서도 동북아 질서를 뒤집으려는 시도에는 신중한 미국과 중국 등등이 그런 구조를 만들었죠. 이를 한마디로 말하면 '분단 상황'이예요. 도발은 분명히 북한이 주체고 용납해서는 안 될 일이지만, 이를 북한의 잘못으로만 몰아가면서 북한과는 상종하지 말아야 한다는 자세보다는 분단 상황 그 자체를 극복하려는 자세가 필요하다고 보는 거예요.

저는 통일 교육에 있어서 안보 관련 내용은 사회과 영역으로 돌렸으면 좋겠다고 생각해요. 통일 쪽에서는 안보를 이야기하더라도 군사적인 것보다는 비군사적 안보라든가 인간 안보 쪽으로 중점을 두었으면 좋겠다는 생각이 듭니다.

양미정 그런데 사회과로 옮긴다고 뭐가 달라지나요? 사회과에서도 초점을 어떻게 맞추느냐라는 문제는 마찬가지라고 생각해요.

이경아 저는 이해가 됐어요. 자주 국방 차원에서 사회과에서 다루라는 거죠. 북한도 일본, 중국처럼 자주 국방 차원에서 다뤄야 되는데, 통일 교육에서는 친하게 지내라고 하다가 또 갑자기 적이라고도 나오니까 아이들 입장에서는 혼란스러울 수가 있기 때문에 옮기는 게 낫지 않겠는가 하는 거죠?

함규진 그렇죠. 안보 문제는 어느 나라에나 있고, 어느 나라에 대해서나 있는 셈이죠. 그런데 유독 북한만 특별히 중시하고, 도덕과의 한 단원에서 집중해서 다룬다면 문제가 있을 수 있으니까요. 양미정 선생님 말씀처럼 사회과에서 안보를 다룰 때 북한의 위협만 집중적으로 다룬다면 문제는 비슷할지 모르지만, 적어도 통일 교육과의 직접 충돌은 적을 것 같아요.

장세영 결국에는 진정한 평화가 안보라는 쪽으로 초점을 맞춰야 되겠죠. 전쟁과 폭력에 대해서 잘못되었다는 분명한 인식을 아이들에게 심어 줄 필요가 있다고 봐요. 독일 통일 과정도 보면 평화 교육이 큰 역할을 했다고 할 수 있어요.

김현희 우리가 이렇다 저렇다 단정 지으려고 하지 않았으면 좋겠어요. 이런 상황에서 어떻게 해야 하는 것이 맞는지 결론부터 내리지 말고, 아이들에게 열어 두고 고민해 보게 하는 거죠. 안보 교육도 그렇고 통일 교육도 그렇고요. 오늘 1시간 열심히 수업한다고 해서 아이들 생각이 단번에 바뀔 수 없는 거잖아요. 의미 있는 교육의 시간들이 쌓이면서 아이들 스스로가 교육 과정에서 명시하고 있는 통일관을 정립하게 도와야 한다고 생각해요.

이경아 그런데 교과서에 그런 내용이 없으면…….

양미정 안보 교육에 대한 체계가 아니라 통일 교육에 대한 체계가 없어요. 그러니까 통일 교육이 사실은 여전히 반공 교육인 거죠.

김현희 그렇네요, 정말.

양미정 통일 교육의 가장 큰 핵심 문제는 체계가 없다는 거예요. 3학년 학생들에게 분단 배경을 설명하는 걸 봐도 그래요.

이경아 이제는 아닌데요?

양미정 아참, 도덕과는 4학년으로 바뀌었죠? 2007 개정 교육 과정에서는 3학년 때 분단 배경이 나왔는데, 학생들 수준을 고려할 때 적합하지 않다고 봤어요. 지금 교육 과정에서 4학년에게 나오는 것도 좀 그렇고요. 제가 따로 5학년 학생들에게 해방 이후부터 한국 전쟁까지의 분단 배경을 설명했을 때 통일 교육의 효과가 상당히 컸어요. 앞서 말씀드린 것처럼 제 경험상 통일 교육이 효과적이라고 생각되었을 때는 이산가족 상봉 장면에 대해 이야기 나눌 때와 분단 과정을 배울 때 그리고 여전히 주변 강대국의 영향으로 국내 문제를 자체적으로 해결하는 데 어려움이 있다는 이야기를 할 때였어요. 특히 학생들이 분단 배경을 알게 되었을 때 외부적인 문제로 분단되었다는 점에 매우 분통해 하더라고요. 이런 걸 봤을 때 통일 교육에서 가장 중요한 것은 발달 단계나 교육 체계에 맞춰서 통일 교육이 제대로 꾸려져야 한다는 거예요. 그런데 그게 체계화 되어 있지 않아서 중구난방이고, 교육 과정도 정권에 따라서 들쭉날쭉 되는 거죠.

안보 중심 교육에서 참된 통일 교육으로

함규진 아까 제가 제기했던 북한의 위협과 관련해서는 "다 평화롭게 하면 되지 않느냐?"라기보다는 북한이 저렇게 못되게 구는 것은 "자기가 불안해서 그러는 것이다."라는 식으로 접근하면 어떨까요? 가령 학급 중에서 친구를 때리고 괴롭히고 못 되게 구는 그런 애들이 있으면 분명히 "쟤하고 놀기 싫거든요. 쟤 그냥 쫓아 버리면 안 돼요? 학교 안 나오게 해 버리면 안 돼요?" 그럴 것 같은데, 이럴 때 어떻게 설명을 해 주시는지요?

양미정 지금 그렇게 설명을 하고 있어요.

<u>함규진</u> 내쫓아 버려야 된다고 그래요?

<u>양미정</u> 아니죠. 그 아이가 그렇게 행동할 수밖에 없는 필연적인 원인들을 설명하면서 서로 이해하려고 노력하는 거죠.

<u>함규진</u> 그걸 적용해 봤으면 좋겠어요.

<u>양미정</u> 지금 말씀하신 대로 북한 핵에 대해서도 그런 식으로 접근해 봤어요. 아이들이 북한에 대한 두려움 중 가장 크게 느끼고 있는 게 핵이더라고요. 한번은 "선생님, 북한이 핵 터뜨리면 어떡해요?"라고 물어서 "핵이 터지면 북한이나 남한이나 다 죽지 않을까?"라고 말해 줬어요. 그러면서 "북한이 그럼에도 불구하고 왜 핵을 개발했을까?"라고 되물었어요. 나름대로 여러 가지 이유를 생각해 보게 하려고요. 혹시 박희나 선생님도 학교에서 통일 교육을 진행하다 보면 이런 질문들 많이 받지 않나요?

<u>박희나</u> 제가 예전에 백령도에 가서 1박 2일 통일 교육을 한 적이 있어요. 저는 백령도 아이들 같은 경우는 북한에 대해서, 소위 말하는 안보 의식, "북한은 적이다."라는 생각이 많을 줄 알았어요. 거기 백령도는 바로 북한이 보여요. 그리고 육해공군이 다 있고, 해병대도 있고, 주민의 75%가 군인이에요. 대부분 군인 자녀들이고. 그래서 북한에 대해 적개심이 철저할 줄 알았는데, 지리적으로 북한 지역에 대해 친

근해 했어요. 통일부에서 〈황후 심청〉이라는 만화 영화를 북한과 합작해서 만들었다고 설명하니, 아이들은 자기들 고향이 나오니까 좋아하더라고요.

백령도 아이들이 오히려 미워하는 것은 중국 사람들이에요. 꽃게를 다 잡아 가고 그러니까요. "군인들 훈련할 때마다 대포 소리가 계속 나는데 무섭지 않아?"라고 물어봤더니 "저는 아무렇지도 않아요."라고 말하더라고요. 군사 훈련 때문에 눈앞에서 포를 쏘면, 실제 포탄은 아니라지만 불빛이 나고, 난리가 나요. 진짜 쩌렁쩌렁 울리고, 사이렌이 울리고, 훈련 전에 "10분 뒤에 할 거니까 놀라지 말라."라고 안내 방송이 나오고……. 그러는데도 아이들은 아무렇지 않게 동네에서 뛰어 놀아요. 포격 훈련 내내. 그래서 백령도 아이들에게 "혹시 전쟁 날까 봐 걱정되지 않냐?"라고 물어봤더니, 만약 전쟁이 나더라도 백령도는 안전할 거래요. 서울이 먼저 공격받아 위험할 가능성이 높지 백령도가 공격받을 거라는 생각은 안 해 봤다고 하더라고요. 그래서 "내가 생각하는 안보하고 다르구나."라고 느꼈어요.

그런데 제가 백령도 가는 길에 마침 서울시 교육청 연수에 참여한 선생님들을 배에서 만나게 되었어요. 안보 교육이 있다고 거기에 온 거예요. 그분들은 해병대에 가서 통일 교육을 받으신다고 하더라고요. 서울시 교육청 연수 참가자들이 군대로 안보 교육을 갔다고 들으신 학교 선생님이 제게 질문을 하셨어요. "그분들은 군대에 가서 안보 교육을 듣는다고 하는데 그 교육이 통일교육원 강의보다 더 좋은 강의인가요? 우리 학생들도 안보 교육을 추후 신청해서 또 듣는 게

〈황후 심청〉. 2005년 남북 합작으로 만들어진 애니메이션이다.

좋은 거겠죠?"라고 물어보시더라고요. 군대 교육이 아니라 통일교육
원 강의를 신청했던 자신의 선택이 과연 현명했던 건지 고민을 많이
하시던 모습이 기억나요. 안보 교육이라는 단어를 생각하면 연상되는
에피소드예요. 통일 교육 현장에 가면 탈북한 분들한테 아이들이 꼭
물어요. "북한에 핵이 있냐? 진짜 우리에게 핵을 쏠 수 있냐? 정말 북
한 사람들은 어떻게 믿고 있냐?" 그러면 탈북한 분들은 "핵이 있는지
없는지 우리는 모른다. 일반 주민이기 때문에 모르지만 혹시 핵이 있
어도 통일 후에 원자력 발전소로 쓰면 된다. 걱정하지 마라, 너네한테
쏠 일이 없다." 그러면 아이들이 안심해요.

양미정 결국 안보 교육을 남한 중심의 사고에서 벗어나서 남북한 공동의 관점에서 볼 수 있게 시도할 필요가 있지 않을까요?

장세영 요즘은 그렇게 말하면 '종북'이라는 말까지 듣기도 해요.

양미정 그렇긴 하죠.

이경아 그런데 정말 제 경험에도, 핵 문제에 대해 그렇게 이야기해 줬더니 안도하더라고요. 안심시키는 교육도 필요한 거 같아요.

할규진 교과서를 당장 뜯어 고칠 수는 없으니, 공포를 줄여 주는 쪽으로 교사 분들께서 잘 말씀해 주셔야죠.

김현희 교육 현장에서는 교과서가 정말 절대적이에요. 통일 교육에 관한 좋은 자료가 아무리 많아도 교과서나 교육 과정 안에 들어있지 않으면 관심 있는 일부 교사의 전유물이 되거든요. 〈통일 교육 지침서〉가 학교 교육을 위해서 쓰인 거라고 하지만, 있는지도 모르는 교사가 태반이에요. 그래서 통일 교육의 체계를 잡기 위해서는 교육 과정의 체계가 다시 그려져야 하고, 그것을 반영한 교과서가 달라져야 해요. 교사 연수가 병행된다면 더욱 효과적이겠지만 현실적으로 어려움이 있을 것 같고요. 교육 과정과 교과서에 통일 교육에 대한 체계가 명시되어 있다면, 교사들이 조금 더 관심을 가지게 될 것 같아요.

<u>이경아</u> 독일에서는 통일에 관한 전담 기구는 정권이 바뀌어도 그 기조를 유지할 수 있도록 하더라고요. 우리의 통일 정책도 정권과 상관없이, 특히 통일 교육은 정권이 바뀌어도 영향을 받지 않는 일관된 방향이 있어야 된다고 생각해요.

<u>양미정</u> 저는 박희나 선생님에게 궁금한 게 있어요. 학생들이랑 통일 교육을 위해 현장 교육을 많이 다니는 데 주로 통일 전망대나 땅굴을 가잖아요. 그런데 통일 전망대에서 군인들이 안보를 강조한 설명을 하지 않나요? 그리고 땅굴 체험을 과연 통일 교육으로 볼 수 있을까요? 어찌 보면 통일 전망대에서 이뤄지는 설명이나 땅굴 견학은 통일 교육이 아닌 반공 교육에 훨씬 가깝다고 생각해요. 그래서 자칫 통일에 대한 관심을 키우기보다 북한에 대한 선입견과 경계심을 더 키울 수 있다는 생각이 들어요.

<u>박희나</u> 우선은 DMZ, 도라산 전망대, 판문점은 군사 지역이기 때문에 아이들은 군인들에게 교육을 받아요. 그래서 교사들이 통일 교육에 개입할 수 있는 기회가 많이 없어요. 그런데 헌병들이 교육을 좀 심하게 해요. 도라산 전망대에서도 지리적 설명을 하다가, 도끼 만행 사건부터 시작해서 북한이 어떤 사건을 저질렀는지 알려 주고, "하지만 우리 국군이 지키고 있으니 걱정하지 마세요!" 하고 끝나는데, 20분이 필수 코스에요.

이경아 저도 가 봤는데, 좀 무섭더라고요. 설명하는 사람이 "북쪽에서 망원경으로 보고 있다. 주요 인물이 누가 오는지 저기서 다 알고들 있다, 지금 보고 있는 사람들의 신상까지도 털릴 수 있다."라는 이야기를 하면, "내가 여기 와 있다고, 북한 사람이 내 얼굴까지 찍어 가는 거 아니야?" 이런 생각이 들기도 했어요.

양미정 무섭거나 감흥이 없거나군요. 사실 우리 학교 다닐 때도 그런 식의 교육을 받았었죠.

박희나 임진각 자유의 다리 같은 데서 실제로 실향민을 만나게 될 경우에는 아이들에게 학습 효과가 있고, 감동이 있는 반면에 다리를 건너서 1사단 안으로 들어가면 그런 것들이 사라지게 되는 거죠.

그런데 국방부는 예산이 많아서 그나마 현장 체험 코스를 만들 수 있는데, 통일부는 예산이 없기 때문에 통일 교육을 할 수 있는 현장 체험 학습을 만들 수가 없죠.

장세영 결국 국방부의 가치관이 크게 반영된 현장 체험 학습만 있겠네요.

양미정 분단의 현장에 가서 분단의 문제점을 느끼고 와야 되는데, 안보를 한껏 강조하다 보니 분단 인식이 더 강화된다는 거죠. 그게 우리 때부터 지금까지 여전히 계속되고 있고요.

함규진 용산 전쟁 기념관이나 국정원, 기무사 등에 있는 안보 교육관을 봐도 그렇죠. 우리나라 역사가 몇천 년 동안 치러 낸 전쟁이 1천 번에 가깝다는데 전쟁 기념관 전시물은 3분의 2 가량이 한국 전쟁 관련 전시물입니다. 안보 교육관에서는 21세기 현실에 맞게 비군사적 안보, 인간 안보 등도 다뤄야 할 텐데, 한국 전쟁 내용만 잔뜩 나온 다음 '지금 이 시간에도 우리를 호시탐탐 노리고 있는 북한을 주의하자.'라는 메시지만 반복하고 있어요. 통일 교육은 분단 상황을 극복하려는 교육이고, 분단을 불편하고 슬프고 괴롭게 느낄 수 있게 되어야 하는데 지금은 공포를 교육시키고 있어요. 또 안보 교육을 통해 그 공포가 적개심으로 이어지죠. 그렇게 되면 북한을 외면하고 분단을 유지하든지, 아니면 북한을 타도함으로써 해소해야 한다는 결론에 이를 수밖에 없죠. 그런 면에서 현재의 통일 교육 프로그램이 통일 교육의 취지와는 안 맞기 때문에 달리 가야 되지 않을까 해요. 여러분이 나중에 그런 프로그램을 한번 개발해 보세요. 진짜 통일 교육다운 프로그램 말이에요.

장세영 안보는 여기서 마무리하는 것이 좋을 것 같아요. 이야기했던 가운데 나와야 할 내용이 다 나온 것 같거든요. 평화적인 부분에서 접근해야 되고, 그런 과정에서 전쟁이나 폭력에 대해서는 미워하는 마음을 가지게 해야 하죠. 발달 단계에 맞는 체계적인 교육이 이뤄져야 된다는 것, 그리고 안보 교육은 통일 교육보다는 사회과 교육으로 넘어가야 한다는 것. 그러니까 안보가 북한과의 관계뿐만 아니라 더 넓은 범주이기 때문에 사회과에서 접근하는 게 더 맞질 않을까 하는 생각 등에 우리가 합의했다고 봅니다.

6장

색안경을 벗고
북한을 보자

색안경을 벗고
북한을 보자

김현희팔달초등학교 교사

안녕하세요. 김현희입니다. 저는 북한 실상에 대한 이해에 대해 세 꼭 지로 나눠서 생각해 봤습니다.

처음에는 〈통일 교육 지침서〉 속에 나와 있는 이해, 그리고 두 번째로 제가 경험한 초등 교육 현장 속의 북한 이해 교육, 마지막으로 이 것들을 토대로 제가 생각하는 북한 이해 교육 방법에 대한 제안, 이렇게 나누어서 발제를 하겠습니다.

잘 아시다시피 통일교육원에서는 매년 통일 문제 이해와 관련한 〈통일 교육 지침서〉와 〈북한 이해〉를 발간하고 있습니다. 〈통일 교육 지침서〉가 학교 통일 교육 전반에 관한 내용으로 구성되어 있다면, 〈북한 이해〉에는 순전히 북한만을 이해하도록 돕는 내용이 무려 300 페이지 넘게 자세히 실려 있습니다. 〈북한 이해〉에 나타난 북한 이해 교육의 목적은 북한의 정치, 경제, 사회, 문화 등 여러 분야의 실상에 대한 정확한 정보를 토대로 북한을 객관적으로 인식하여 분단을 해소하고 통일로 나아가는 데 있습니다. 〈북한 이해〉에서는 북한의 여러 분야에 대한 이해에 앞서 가장 먼저 북한에 대한 인식에 대해 언급하고 있습니다. 즉 북한을 통일을 위한 화해·협력의 상대임과 동시에 안보를 위협하는 경계의 대상으로 균형 있게 인식해야 함을 강조하고 있습니다. 이러한 인식을 토대로 북한의 정치와 외교, 북한의 대외 정책, 북한의 군사 및 핵 개발, 북한의 경제, 북한의 사회·문화로 나누어 북한을 자세히 설명하고 있습니다.

한편 〈통일 교육 지침서〉에서 다루는 북한 이해의 내용은 객관적인 설명과 함께 각 분야에 대한 해석과 판단도 함께 녹아 있습니다. 그 대표적인 예로 소주제마다 제시되어 있는 '이 주제를 다룰 때의 지도 방향'을 들 수 있어요. 북한의 정치 체제에 대해서는 '당-국가 지배 체제를 근간으로 하는 사회주의 체제이며, 유일 독재 체제임을 지적한다.'라고 되어 있고, 대외 정책에 대해서는 '북한이 직면하고 있는 대외 관계의 현실과 북한의 외교 전략이 통일 문제에 어떤 영향을 미치고 있는지 생각하게 한다.'라고 우회적인 비판을 유도하고 있습니다. 북한의 군사 및 핵 개발에서는 '최근의 군사 도발에서 보듯이 우리에게 심각한 안보 위협 요인이 되고 있음을 강조한다.'라고 되어 있고, 경제 체제에 대해서도 '북한 경제가 만성적인 경제난에 처하게 된 이유와 선군 경제 및 경제 핵 무력 병진 정책으로 인한 민생 경제의 악화를 이해시키며, 북한 경제 정책의 한계를 이해시킨다.'라고 되어 있습니다. 즉 〈통일 교육 지침서〉의 북한 이해 교육은 북한을 객관적

과목	3~4학년	5~6학년
사회과	(9)다양한 삶의 모습들 우리나라와 다른 나라 문화의 유사점과 차이점을 비교하여 문화의 다양성을 이해한다. 문화적 차별과 편견으로 인한 문제점을 파악하고, 서로 다른 문화를 이해하고 수용하는 자세를 지닌다. (12) 사회 변화와 우리 생활 사회 구성원의 문화적 다양성을 수용하여 소수자 인권을 존중하는 태도를 갖는다.	〈지리 일반 사회 영역〉 (6) 우리 사회의 과제와 문화의 발전 분단국가로서 통일을 준비하는 자세와 다문화 사회에서 필요한 바람직한 태도를 갖는다. 〈역사 영역〉 (6)대한민국의 발전과 오늘의 우리 시각 자료와 유물을 통해 6·25 전쟁의 원인과 과정 및 피해상을 살펴보고, 대한민국에 미친 영향을 탐구한다.
도덕과	(3) 사회·국가·지구공동체와의 관계 (다) 통일의 필요성과 통일 노력 남북 분단의 배경과 분단의 고통을 여러 측면에서 이해하고, 이를 해소하기 위해 평화 통일을 추구하는 자세를 지닌다. 이를 위해 분단의 과정과 남북 분단으로 겪는 어려움을 통해 통일의 필요성을 이해하고, 통일을 위한 구체적인 노력을 다양한 측면에서 찾아본다. ① 남북 분단의 과정과 민족의 아픔 및 통일의 필요성(분단 비용 등) ② 북한 주민과 북한 이탈 주민의 생활 ③ 통일을 위한 방법(튼튼한 안보, 남북 협력과 평화 등)과 통일을 위해 노력하는 자세	(3)사회·국가·지구공동체와의 관계 (마)우리가 추구하는 통일의 모습 우리 각자가 추구하는 통일의 모습이 보편적이고 상생적이며 현실적인지를 살펴보고, 보다 바람직한 통일 한국의 미래상 실현을 위해 노력하는 자세를 기른다. 이를 위해 우리가 추구하는 통일은 우리 민족과 동북아시아 전체가 평화롭고 공동 번영하는 데 기여하기 위한 것임을 제시하고, 통일의 과정과 그 이후 예상되는 문제점을 극복하는 방안을 찾아본다. ① 우리 각자의 통일 노력에 대한 반성과 바람직한 통일의 과정 및 방법 ② 바람직한 통일 한국의 미래상과 통일 이후의 문제에 대한 대비 ③ 평화 통일을 위해 우리가 노력해야 할 일들과 실천 방안

*2009 개정 교육 과정 사회과 및 도덕과 교육 과정에 나타난 통일 관련 학년군별 학습 내용.

으로 이해하는 동시에 우리 나름의 기준에서 북한의 여러 분야를 판단하는 잣대를 함께 제시하고 있습니다. 북한 이해의 여러 분야 중 비교적 옳고 그름의 판단의 농도가 덜했던 것은 '북한의 사회·문화' 영역인데 비교적 당의 정책이나 체제의 영향이 다른 영역과 비교하여 덜하고, 최근 북한 사회에서 일어나는 현상을 다루기 때문이라고 추측할 수 있을 것 같습니다. 이러한 〈통일 교육 지침서〉에 나타난 남한의 관점으로 정제된 북한 이해 교육은 남북한의 이질적인 부분만을 부각시키거나, 북한을 남한에 비하여 열등하기만 한 집단으로 섣불리 판단하게 할 수 있는 위험이 있습니다. 따라서 교사는 〈통일 교육 지침서〉의 관점은 고수하되 이를 주입식이 아닌 자연스런 이해와 객관적인 토의 과정을 통해 아이들 스스로 남한과 비교하여 북한의 장단점을 발견할 수 있도록 유도하는 지혜가 필요합니다.

두 번째로 초등 교육 현장 속의 북한 이해 교육입니다. 통일 교육과 가장 밀접한 관계가 있는 교과로는 사회과와 도덕과를 들 수 있지만, 이 두 교과에서도 통일 교육의 영역은 그리 크지 않습니다. 앞의 표는 가장 최근에 발표된 2009 개정 교육 과정 사회과 및 도덕과 교육 과정에 나타난 통일 관련 학년군별 학습 내용입니다.[15]

이 학습 요소 중 북한 이해 교육과 관련된 분야(색이 들어간 글자)로 북한의 사회, 문화, 군사 정도를 다룰 수 있습니다. 교육 과정에도 통일 교육의 비중이 높지 않듯이 도덕과 및 사회과 교과서를 보아도, 한 단원 속의 일부 내용으로 학생들에게 북한에 대해 객관적이고 깊이

---

15 이 책이 발행되는 현재는 2015 개정 교육 과정이 발표되어 있으나, 2009 교육 과정과 큰 변화는 없다.

있는 이해를 요구하기에는 무리가 있습니다. 사회과와 도덕과 교육 과정에서 가장 비중 있게 다루는 통일 교육의 분야는 통일의 필요성과 통일 준비 역량 강화를 들 수 있습니다. 저학년 학생들에게 미래의 통일 모습을 상상해 보라고 하면 남북한 아이들이 사이좋게 손을 잡고 백두산에 오르는 모습을, 고학년 아이들은 기차를 타고 유럽 여행을 하는 모습을 그립니다. 뻔하고도 비슷한 대답이죠. 이는 북한에 대한 단편적인 이해로 너무나도 획일적인 통일 모습을 그리고 있기 때문이라고 생각합니다.

사회과와 도덕과 교육 과정과 교과서에서 공통되는 북한 및 통일 관련 내용의 특징은 통일만 있고 북한은 없다는 것입니다. 통일할 대상인 북한에 대한 내용보다는 반드시 통일을 해야 하는 이유와 통일을 준비하기 위한 역량을 강화하는 내용이 중심적으로 구성되어 있습니다. 물론 이러한 통일 교육 내용 불균형의 절대적인 이유는 교과에 배당된 편제와 시수 때문일 것입니다. 그렇지만 북한 이해가 바탕이 되어 있지 않은 상태에서 이루어지는 통일 교육은 통일의 당위성만 강조하는 지루하고 뻔한 교육이 될 수밖에 없습니다. 저학년에서 고학년으로 진급하며 초등학생 아이들에게도 통일에 대한 관점의 변화가 시작됩니다. 교과서와 선생님의 말씀이 절대적으로 옳다고 생각했던 저학년에서 스스로 생각하기 시작하는 고학년이 되면 종합 편성 채널에서 내보내는 자극적이고 다소 왜곡된 북한에 대한 정보에 더욱 관심을 가지게 됩니다. 이 정보들은 공개 처형 등 북한의 극단적인 잔인함이나 연평도 사건, 천안함 사건 등 군사적 도발, 김정은 일가의 사치에 대비된 북한 주민의 궁핍한 생활 모습 등이 주로 북한을 이해하는 내용이 주가 됩니다. 물론 사실과 전혀 다르지는 않지만 아이들로 하여금 북한의 일부 모습을 마치 전부인 것처럼 인식하게 할 수 있습니다. 이러한 인식은 북한을 안보를 위협하는 경계의 대상인 동시에 화해 협력의 상대로 보아야 한다는 균형을 깨뜨리게 합니다. 초등학교 고학년 아이들의 통일에 대한 부정적인 관점은 북한에 대한 일부 편중된 이해가 영향을 미쳤다고도 볼 수 있을 것입니다.

그래서 부족한 통일 교육 시간을 극복하면서 효과적으로 북한 이해 교육을 할 수 있는 방법을 제안하고 싶습니다. 북한의 정치, 경제, 사회, 문화, 교육의 여러 영역을 아우르는 건 전문적인 분야입니다. 실제로 북한 이해 교육 내용은 북한학에 근거해서 쓰였고 정치적인 상황, 남북 관계에 따라 달라지기도 합니다. 다양한 교과를 가르쳐야 하는 초등 교사가 북한 이해 영역 전반을 바탕으로 교육 과정에 녹여 재구성하기란 쉽지 않은 과제일 것입니다. 교사의 역량으로만 감당하기에 버겁다면 통일 교육 과정의 체제 변화가 필요할 것 같다고 생각했어요. 그 방법의 하나로 사회과와 도덕과뿐만 아니라 전 교과의 내용 속에 북한 이해 영역을 반영하여 북한 이해 교육의 분량을 확보하는 것입니다. 예를 들어서 국어과에서는 북한의 언어에 대해서, 과학과에서는 북한의 과학 기술 발전에 대해서, 음악과에서는 북한의 국악에 대해서 등 교과 교육과 관련된 내용에 다양한 분야의 북한 이해 요소를 삽입하는 것입니다.

두 번째로 이것을 가능하게 하려면 교과 교육 과정에 통일 교육의 요소를 넣는 지금의 방식에서 통일 교육 과정의 큰 틀을 교과 교육 과정에 반영하는 방식으로 변화가 필요합니다. 해마다 쏟아지는 다양한 통일 교육원의 자료들이 있지만, 그 내용이 교육 과정과 교과서 안으로 들어오지 못한다면 통일에 관심 있는 일부 교사들의 전유물로 남고 맙니다. 통일 교육 과정이라는 큰 체계 속에 교과 교육 과정을 반영한다면 여러 교과가 통합되고 연계된 효과적인 통일 교육이 가능할 수 있을 것입니다.

마지막으로 교사의 북한에 대한 객관적인 인식을 바탕으로 아이들 스스로 생각하게 하는 힘을 길러 주는 수업 방법 적용에 대해서 얘기하고 싶습니다. 무심코 던진 교사의 말 한마디가 아이들로 하여금 북한을 '빨갱이'나 '도와주지 않으면 불쌍한 난민'으로도 만들 수 있습니다. 북한의 통치 이념이나 경제 체제 등에 대해 교사 자신의 객관적인 인식 없이는 남한의 것은 모두 우월하고 북한의 것은 모두 열등하다는 관점으로 일관하기 쉽습니다. 물론 북한의 체제로 인해 부정적으로 나타난 많은 결과들에 대해서도 분명한 지적이 필요한 것은 사실입니다. 그러나 앞서 언급했듯이 아이들은 학교보다 매스컴에서 북한에 대해 더 많은 정보들을 얻고 있습니다. 때로는 아이들에게 북한과 남한의 다른 체제에 대해 스스로 생각해 볼 수 있는 기회를 제공하고, 남한과 북한 체제에서 각각 나타나는 긍정적인 모습과 부정적인 모습을 함께 다룬다면 매스컴에서 쏟아지는 다양한 북한에 대한 정보 역시도 객관적으로 사고하고 판단할 수 있는 힘을 길러 줄 수 있을 것입니다.

설문 내용	문항 반응	사전 조사		사후 조사	
		N	%	N	%
북한에 대해 어느 정도 호감을 가지고 계십니까?	매우 호감이 간다.	47	20.89	84	28.47
	어느 정도 호감이 간다.	104	46.22	138	46.78
	별로 호감이 가지 않는다.	58	25.78	50	16.95
	전혀 호감이 가지 않는다.	16	7.11	23	7.80
통일 및 북한과 관련한 정보를 주로 어디에서 얻으십니까?	학교 수업	89	39.56	180	61.02
	교과서/참고 서적	9	4.00	9	3.05
	TV/라디오	67	29.78	47	15.93
	인터넷	35	15.56	42	14.24
	신문/잡지	4	1.78	7	2.37
	부모/친구 등 주변사람	11	4.89	3	1.02
	정부의 홍보물(책자, 포스터 등)	2	0.89	0	0.00
	시민 단체, 종교 단체의 홍보	1	0.44	0	0.00
	기타	7	3.11	7	2.37

통일 연구 학교인 서울 묵현초등학교에서 2014년에 실시한 설문 조사 결과. 북한 이해 교육 실시 이후 북한에 대한 호감이 전반적으로 상승했다(다만 '매우 호감이 간다.'와 '전혀 호감이 가지 않는다.'가 모두 늘어나, 북한에 대한 정보를 많이 접할 때 오히려 부정적 인식이 생길 가능성도 있음을 보여 준다.). 또한 학생들이 평소 통일 및 북한 관련 정보를 얻는 주된 원천이 'TV, 인터넷 등 매스컴'(47.12%)임을 알 수 있는데, 연구 학교의 노력 결과 '학교 수업'(61.02%)으로 바뀌었다.

서울 묵현초등학교에서 2014년에 실시한 설문 조사 결과. N=학생(사전:225/사후:295)

◇◇◇◇◇◇◇◇◇◇◇◇◇◇◇◇◇◇◇◇◇◇◇◇

"새벽별 보기 운동? 그게 뭡네까?"

<u>이경아</u> 새로 바뀐 4학년 교과서에 방언이 나와요. 그런데 제주도 말에

서부터 경상도, 전라도, 강원도까지밖에 안 나오더라고요. 북한 방언이 빠진 것이 안타깝고, 북한 방언도 교과 교육 안에 녹아들면 좋겠다는 생각이 들어요. 또 우리의 눈으로 북한을 보고 판단하지 말고 여러 가지 다양한 자료를 개관적으로 녹여내는 게 필요하다고 생각을 했어요.

양미정 객관적인 게 뭘까요? 객관적이기가 쉽지 않아요.

이경아 북한에 관한 내용은 북한 사람들한테 직접 들어서 그 내용이 좀 들어갔으면 좋겠어요. 우리나라 성인 중에 북한에 대해서 충분히 알지 못한다고 생각하는 사람은 없을 것 같아요. 그런데 그 실체는 모르는 것 같아요. 북한 사람이 들어 보면 웃긴 얘기도 굉장히 많을 것 같아요.

제가 북한에 대한 문화 이해지 책을 가져왔는데 하나를 소개할게요. 보기 중에 모두가 정답이 될 수도 있고, 하나만 정답이 될 수도 있어요. 북한 탈북 청소년이 같은 반 친구 집에 놀러 왔어요. 친구 엄마가, "북한에서 '새벽별 보기 운동'을 한다고 들었는데, 봉순아. 너희 부모님도 그런 거 하셨니?" 그러니까 "네? 새벽별 보기 운동이요?" "그래. 해뜨기 전에 일터에 나가서 열심히 일하자는 운동 말이야." "그게 뭡니까? 처음 듣는 얘기입니다. 어째 저보다 북한에 대해 더 많이 아시는 거 같습니다."라고 북한 아이가 대답을 하는 거예요. 어머니는 아이가 너무 정색을 하고 대답해서 더 이상 물어볼 수가 없는 거예요. 그러면 이제 문제 들어갈게요. "아이는 왜 이랬을까? 1번. 북한 생활에 대해 자꾸 물어보니까 귀찮고 짜증이 났다. 2번. 새벽별 보기 운동은 옛날 일이라서 전혀 아는 바가 없었다. 3번. 북쪽에서는 그런 운동이 크게 벌어진 적이 없었기 때문이다. 4번. 친구 어머니를 놀려 주려고 일부러 잠시 모르는 척 했다."

장세영 1번 아닌가요?

양미정 전 2번 같은데요?

이경아 3번이에요. '천리마 운동'[16] 같은 거는 일을 더 열심히 하자는 취지에서 있었는데, '새벽별 보기 운동'이나 '천 삽 뜨고 허리 펴기 운동' 같은 것은 실제로는 없었다네요. 저는 어릴 때 천 삽 뜨고 허리 펴기 운동 이야기를 학교에서 듣고, '북한 사람들은 얼마나 불쌍할까? 천 번이나 삽질을 해야 한 번 허리를 펼 수 있대!' 했거든요. 그런데 그런 게 없었다잖아요. 그래서 "우리가 생각하는 북한이 진짜 북한일까?"라는 생각을 다시 한 번 해 봤거든요.

함규진 실제가 과장 및 왜곡을 거쳐서 희화화 되는데, 사전 지식이 없

---

16 1958년부터 북한에서 실시된 증산 운동. 소련의 원조 삭감과 경제 개발 계획의 부진 등 경제적 난관과 그에 따른 정치적 불안을 타개하려는 운동으로 시작되었다.

는 사람은 그게 희화화라는 걸 모르고 팩트라고 생각해 버리는 거죠. 저도 어릴 때 본 북한에 대한 풍자만화가 있어요. 작업 현장에서 북한 노동자가 바위를 들어 올리지 못해 끙끙대자 보다 못한 감독관이 '지렛대를 사용할 줄도 모르느냐?' 하죠. 그러자 그 노동자는 '학교에서 김일성 말고 배운 게 있어야죠.' 해요. 또 부부가 일 나가면서 아기를 탁아소에 맡기는데, 지친 몸을 이끌고 들어오며 '이렇게 매일 힘들게 일해서야 어디 살겠나.'라고 푸념합니다. 그러자 아기가 성을 버럭 내며 '동무! 그게 무슨 반동 같은 소리요?'라고 부모를 꾸짖죠. 부모는 깜짝 놀라며 '이 아이가 그새 탁아소에서 세뇌가 단단히 되었네.' 하고요. 문제는 당시 저는 그게 풍자만화인줄 모르고, 북한의 현실 그대로인줄 알았다는 거예요. '북한에서 천리마 운동이나 속도전 등의 구호를 내세우며 노동 강도를 강화하고 있다.'는 팩트인데, '그 정도가 얼마나 심한지, 노동자들은 새벽별을 보면서 일터에 나가는 게 일상이다.'라고 약간의 과장이 따라붙죠. 그러면 의도적 내지 자연적으로 과장과 왜곡이 더해져서 '새벽별 보기 운동, 천 삽 뜨고 허리 펴기 운동이 실제로 있다.'라는 희화화가 나오는데 그게 팩트와 구별되지 않게 되는 겁니다.

양미정 저도 북한에서는 동료나 이웃끼리 서로 24시간 감시하고, 부모나 자식 사이에도 가차없이 비판하고 고발하기 때문에 사람 사는 것 같지 않다고 배운 기억이 나네요. 그런데 실제로는 지금 여기보다 인정이 많이 살아남아 있다면서요.

김현희 아까 양미정 선생님이 객관적인 게 뭐냐고 말씀하셨지만, 아주 객관적일 수는 없는 거 같아요. 교육이라는 자체에 어떤 가치가 들어가는 거잖아요.

이경아 공교육은 전하려고 하는 게 있으니까요.

김현희 네. 그런데 제가 생각기에는 〈통일 교육 지침서〉가 너무 지극히 일방적으로 북한을 비판만 하고, 모든 부분에서 남한 체제의 우월함을 강조하는 색깔이 너무 진해요. 물론 우월한 부분이 많이 있죠. 그렇다고 해도 그것만 강조할 것이 아니라 북한과 우리나라 체제를 모두 언급하면서 여러 관점에서 장단점을 비교하고, 같고 다름을 인정했으면 하는 생각이 들었어요. 둘 중 어느 쪽이 낫고 못하다가 아니라요.

이경아 방언 얘기할 때 이념이나 판단이 필요 없이 북한 방언은 이렇다 하는 것처럼 말이죠?

김현희 그렇게 다룰 수 있는 좋은 분야가 사회 문화 부분인거 같아요.

이경아 도덕과는 아무래도 가치 판단이 많이 좌우되는 교과잖아요. 그것보다는 사회과에서 지식 정보, 예를 들어 북한의 방언이나 음식, 세시 풍속 같은 자료가 많으면 북한 이해라는 측면에서는 큰 도움이 될 것 같아요.

양미정 방언 같은 건 본래 국어과에서 다루던 건데……. 제7차 교육과정 때만 해도 국어과, 도덕과, 사회과에서 통일 교육을 다루었는데 지금은 축소되었죠.

남북한, 동질적일까, 이질적일까?

김현희 초등 교육에서 북한 이해 교육이 사실 쉽지 않아요. 우리나라 정치 외교도 어려운데 북한의 정치 외교까지 이해할 수 있겠어요? 지금 아이들은 5·6학년이 돼서야 현대사를 배우는데 북한까지 배우면 더 어려울 거예요. 즉 이 부분은 비교적 간단하게 다루고, 더 많이 다뤄야 될 부분은 아까 말씀하신 사회 문화적인 측면이에요. 문화나 예술 분야는 가치 판단이 그렇게 필요하지 않잖아요. 남한의 가야금과 비교해서 북한이 21현금을 정식 가야금으로 개량했는데, "이것을 국악이라고 할 수 있느냐?"까지 들어간다면 가치 판단이겠지만, 그냥 던져만 주는 거죠. "아! 이런 게 다르고, 저런 게 같구나." 그것만 해도 북한과 남한의 어떤 동질감을 많이 느낄 수 있을 거예요. 또 교과서에 들어간 삽화나 사진 하나가 아이들에게 매우 중요하게 전달되는데, 통일 교육의 관점을 가진 전문가가 교과서를 만든다면, 북한과 관련된 삽화나 사진 한 장으로도 어렵지 않게 북한 이해 교육의 효과를 볼 수 있을 것 같아요.

할규진 동질성을 강조하는 북한 이해 교육을 해야 된다고 말씀하셨는데, 동질성에서 이질성이 있을 수 있어요. 남북한이 서로 다른 길을 많이 걸어 왔기 때문에 동질성을 따지려면 전통에서 찾을 수밖에 없는데 남한과 북한이 서로 "너희가 전통을 어기고 있다."라고 주장하고 있잖아요. 전통에 접근하는 방식을 보면 남북한이 좀 달라요. 북한은 원래 없었던 것이라 하더라도 새로 만들어 낼 때 우리 식이라고 할 수 있는 것을 만들려고 해요. 그런데 우리는 옛날 거는 그대로 고스란히 지키지만, 없었던 걸 새로 만들면 전통이 아닌 전혀 새로운 걸 만들죠. 예를 들면 '아이스크림'을 가지고 북한은 '얼음보숭이'라는 말을 만들어 놓는데, 우리는 그것이 전통에 없기 때문에 '빙과'라고 하는 일본식 표현을 갖다 쓰다가, 그 다음에는 그냥 영어로 '아이스크림'이라고 하고 있죠. 전통에는 없었기 때문에 만드는 것은 오히려 안 된다고 생각하는 거죠. 이런 것은 '동질성 내의 이질성'이라고 볼 수 있죠.

김현희 제가 남북한의 국악 교육을 비교해 보는 걸로 논문을 쓰려고 전문가들에게 자문을 구했더니, 난감해 하더라고요. '북한에는 국악이 없다.'라고 하는 거예요. 그쪽은 방금 말씀하신 대로 전통적 방법을 고집하지 않고, 서양 음계도 갖다 쓰고 악기도 새로 만들어 내고 하니까 국악이 아니라는 거죠. 저는 아무리 그래도 우리 전통과 민족

북한의 옥류금(왼쪽)과 장새납. 각각 와공후와 태평소를 1970년대에 개량한 것이다.

적 정서를 이어가는 한 그렇게는 볼 수 없다고 생각해요. 사실 전통이라는 것도 오랜 세월 동안 계속 변해 온 거잖아요.

함규진 전통 음악에 대해서 남한은 전해져 내려온 음악 체계를 손끝 하나 건드리지 않고 그대로 재현해야 맞다는 식이고, 북한은 '음악이란 본래 당대의 인민이 좋아하고 즐길 수 있는 것.'이라고 보아서 시대가 변한 만큼 서양적 요소 등도 통합시켜야 맞다고 보니까 접근법이 다르죠.

긍정적 시각에서 북한 문화를 연구하는 분도 '북한은 우리와 동질적이라고 보기 어렵다.'라고 말씀하는 경우가 있어요. 비슷해 보이지만 본질이 다르다는 거죠. 가령 〈심청전〉은 남한에서는 효의 교훈을 담은 이야기지만, 북한에서는 봉건 사회의 모순을 고발하고 인민의 혁명성을 고취하는 이야기라는 거예요. 그래서 '동질성이 아닌 유사

성밖에 찾을 수 없다.'라고 해요.

박희나 하지만 그런 남북한이 전에 말씀드린 〈황후 심청〉을 공동으로 만들었잖아요. 본질이 다르다면 그게 가능했을까요?

함규진 그렇죠. 문화의 공통적 본질이 무엇이냐인데, 여기 남한의 대학 수업에서도 같은 텍스트를 읽고 서로 다른 시각에서 해석하고 토론하잖아요. 그렇다고 그들이 이질적인 내용을 다룬다고는 할 수 없겠죠. 전통문화를 어떻게 해석하고 활용하느냐의 차이가 있는데, 그것을 전통이라고 인식하는 자체에서 본질적 공통성을 찾아야 한다고 봐요. 물론 저는 문화 연구가 전공은 아니지만……

김현희 북한에서 당대의 경향을 전통에 융합시키는 방식이 어찌 보면 사이비 같지만, 어떤 점에서 유용하다는 생각도 들어요. 우리는 전통을 과거 모습대로만 보존하다 보니 대중들의 관심에서 벗어나 버렸잖아요.

함규진 제가 요즘 애들의 인터넷 사용을 많이 모니터 하고 있는데요. 그걸 보면 우리 것에 대해서 혐오감이 굉장히 강해요. 좋아하는 애들은 '국뽕 맞았다.' 소리 들을까봐 말을 못 꺼내는지는 모르겠지만. 일단 "우리 거는 외국 거에 비해서 다 후졌고, 규모도 작고, 별거 아니다. 진짜 보잘 것 없다." 그런 식으로 이야기해요. 그리고 실제로 어른들조차도 국악이 됐든, 한복이 됐든, 생활에서 전통적인 걸 전혀 포용을 안 하고 있죠. 박물관이나 교과서에만 모셔 놓고 있고……. 누가 개량 한복을 새롭게 디자인해서 사진을 커뮤니티에다가 올려놨는데, 제 눈에는 "이게 한복이 맞나? 과연 한복이냐 이게?" 그런 느낌부터 오더라고요. 그런데 애들은 아주 신선하고 멋있고, 예쁘고 "이런 식으로 가야 된다."라고 하더라고요. 전통을 재미있게 바꿔 보고, 활용해 보고, 좀 고쳐 보고 이렇게 하는 게 상당히 신선하다는 반응이더라고요. 그래서 "북한에서도 이런 철학을 가지고 접근하고 있구나."라고 생각할 수 있겠더군요.

김현희 저는 누가 옳다 그르다 말하는 것보다는 남한은 남한대로, 북한은 북한대로 전통을 서로 다른 방식으로 고수하는 것이라고 생각했으면 좋겠어요. 그러면 훗날 통일이 됐을 때 전통을 계승하는 다양한 방법으로 보존될 수 있을 것 같아요.

그리고 이러한 남북한의 동질성과 이질성에 대해 학교에서 교육받으면, 통일 후 문화적인 충격이 조금 덜할 것 같아요. "뭐야? 저게 무슨 국악이라고?"라고 하지 않고 "아, 맞다! 북한에서는 우리나라 국악이 이런 식을 바뀌었다고 했지" 이렇게 포용된 관점에서 받아들일 수 있지 않을까요? 다름도, 그냥 다름 그대로 보여 주고, 같은 것도 같은 대로 동질성을 찾고, 그런 식으로 북한 이해 교육이 되면 좋겠어요.

장세영 그러네요. 북한 이해 차원에서 북한에 대해 교육한다고 해도 정치 분야나 이런 부분은 조금은 위험할 수 있을 거 같고, 말씀하신대로 예술이나 사회, 문화 이런 부분을 그런 방식으로 적극적으로 교육하면 도움이 많이 될 것 같아요.

양미정 북한 이해를 체제적으로 접근하지 말고, 문화적으로 접근해야 한다고 말씀하셨잖아요? 그런데 우리가 북한 이해를 문화적으로 접근한다고 하지만 실제로는 체제적인 접근을 바탕에 두고 문화적 접근을 하고 있다는 생각이 들어요. 그러다 보니 문화에도 자꾸 가치 판단이 들어가는 것 같고요. 그런데 저는 이것을 자꾸 동질성 쪽으로 보자는 접근보다는, 다문화적인 접근으로 가져가는 게 어떨까 합니다.

아까 학생들이 '북한 체제와 북한 사람들을 분리하여 생각할 수 있느냐?'라는 질문에 대해 저도 부정적입니다. 우리 반 학생들에게 교육을 해 보니까, 학생들이 북한 체제와 북한 사람들을 하나로 뭉뚱그려 이해하고 있더라고요. 그래서 북한하면 무조건 부정적인 시각이 다수를 차지하죠. 그래서 여러분은 북한을 긍정적으로 볼 요소를 찾자고 하는데, 한계가 있잖아요. 정치나 안보 문제가 안 들어갈 수가 없고, 국가 보안법이나 통일 교육 지원법 저촉 가능성 같은 문제도 신경이 쓰이니까요. 그러느니 차라리 학생들에게 북한 체제와 북한 사람들을 분리할 수 있게 도와주는 통일 교육이 낫지 않을까요? 제 경험상으로도 학생들이 북한 체제와 북한 사람들을 분리해서 생각할 수 있을 때 통일 교육의 효과가 나타나더라고요. 물론 아무리 해도 효과가 없는 애들이 있지만, 대다수의 학생들은 남한의 시각에서 벗어나 동등한 입장에서 북한 사람들의 삶과 문화를 이해하게 했을 때 상당히 긍정적인 효과가 나타났어요.

이경아 동질성을 강조하든, 다문화 쪽으로 가든, 그런 북한 이해 교육을 저학년에서 시작해야 될 것 같아요. 4학년을 가르친 다른 선생님이 경험하신 이야기인데, 통일의 필요성에 대해 여러 가지 객관적인 자료를 준 다음에 토의를 시켰더니 토의가 안 되더래요. 100% 다 통일을 해야 한다는 모범 답안이 나온 거죠. 4학년 아이들은 교과서에 나온 그대로를 믿고 선생님이 원하는 대답, 모범적인 대답을 하려는 마음이 강하고, 6학년은 이미 자기 생각이 확고한 경우가 있기 때문에 선생님 말을 받아들이지 못하는 경우가 있어요. 그래서 북한 이해나 통일 교육을 늦어도 4학년에는 시작해야 된다는 생각이 들어요.

양미정 글쎄요. 그건 또 너무 세뇌 교육 같은데…….

이경아 세뇌는 아니죠. 무조건 '통일해야 돼, 알았니?'가 아니라 객관적 자료를 준 거라니까요? 가정과 사회에서 도무지 통일을 긍정하는 분위기가 아닌데 학교에서라도 통일 의식을 심어 줘야 하잖아요. 북한식으로 하자는 건 아니고요.

박희나 저는 북한에 대해서 교육할 때 북한을 다른 나라라고 생각하고 가르친다면 가르칠 내용이 너무 많을 거 같다는 생각이에요. 하지만 그냥 우리나라의 한 지방을 가르치는 것처럼 가르칠 순 없는 게 현실인데, 그래도 그런 접근법이 낫다 싶어요.

제가 자유터 학교라는 탈북 학생들 야학에서 영어 검정고시를 가르쳐도 봤고, 지금도 탈북 선생님들을 만나고 하나원에서 아이들 만나는데, 그들에게 듣는 북한이 다 달라요. 왜냐하면 고향이 다 다르기 때문이죠. 우리도 그렇잖아요. 제가 부산에 살 때만 해도 "한국은 이렇구나."라고 생각했는데, 서울 오니까 다르고, 서울 애들이 저한테 "야! 이거 부산말로 어떻게 해?" 이러는 거예요. 그런데 북한에 대해서도 마치 너무 다른 나라인 것처럼, 모든 걸 다 가르쳐 줘야 되는 것처럼 하면 너무 어려운거 같아요.

김현희 그렇게 생각하기엔 북한이 너무나 특수하죠.

함규진 그런데 문제는 북한을 우리나라의 한 지역으로 보고, 체제에 대해서는 얘기하지 않고 사회 문화에 대해서만 얘기한다는 것 자체가 사실은 어떻게 보면 일종의 사기거든요. 체제를 빠뜨릴 수가 없을 뿐만 아니라, 아까 얘기했던 전통에 대한 북한식의 접근 방법도 사실 주체사상에 근거하는 거예요. 황장엽[17]은 주체사상이 인간 중심 철학

---

17 김일성 종합 대학 교수 출신의 북한 정치 이론가. 주체사상의 근간을 마련한 장본인으로 유명하다. 최고인민회의 의장 등을 역임했으나 김일성 사후 김정일과 알력을 빚다가 1997년에 남한으로 망명했다. 이후 자신이 체계화한 주체사상을 김일성 부자가 악용했다고 주장해 오다 2010년 사망했다.

이라고 주장해요. 인간을 신뢰하는 데서 주체사상이 시작한다는 거죠. 그러니까 어떻게 보면 주체사상은 마르크스주의보다는 우리 전통 사상에 더 가까워요. 사람의 뜻으로 물리 법칙까지 바꿀 수 있다고 보는데, 그런 점에서 동학 사상 등과 가까운 거죠. 황장엽은 거기까진 좋았는데, 그걸 김일성 왕조가 가로채서 수령을 절대적으로 강조하는 식으로 바꿔 놨다는 거죠. 어쨌든 주체사상은 허점이 많아요. 그래도 상당히 철학적이고, 저는 어떤 면에선 그것도 민주주의라고 생각합니다. 정치학적으로 개념화한 민주주의엔 맞지 않다고 할 사람들이 많겠지만 말이에요.

장세영 그런데 문제는 말씀하신 것을 현장에서 가르칠 수 있느냐는 거예요. 거의 불가능하겠죠? 그렇지 않아요?

함규진 그러니까 예전에 반공 교육했던 식으로 하는 편이 편하고, 정부가 보기에도 괜찮은 접근법이겠죠. 구체적인 교육 방법은 더 고민해 봐야겠지만, 아까 〈심청전〉을 유가 사상적으로 해석하든 계급적으로 해석하든 근본적 본질은 같다고 했듯이, 민주주의도 '국민에게 주권이 있고, 국민의 뜻을 받들어, 국민을 위해 통치한다.' 정도로 본다면 되지 않을까요? 그래서 남과 북이 모두 각자의 방식으로 민주주의를 추구했고, 그 결과 북은 많은 문제점을 가진 민주주의이지만 남도 완전하지는 않다, 이런 식으로 가져가면요?

양미정 지금 사회과 교과서에서도 '남한은 효율을 강조하고 북한은 평등을 강조한다.'라는 식으로 짤막하게 짚고 넘어가고 있기는 해요. 본질적으로 같으나 접근법이 다르다는 식으로 가면 그렇게 되겠죠. 하지만 북한 역시 민주주의로 가르친다……. 머리가 아프네요.

할규진 김대중, 노무현 정권 때 북한에 대해서 호감도가 많이 올라갔는데, 그렇게 호감을 가졌던 일반인들도 3대 세습 때문에 호감도가 뚝 떨어졌어요. 특히 요즘 세대는 우리 세대보다도 권위주의라든가 그런 거에 대해서 굉장히 혐오감이 강해요. 이런저런 이유가 있다 하더라도 어쨌든 "세습을 한다. 독재를 한다." 말하자면, "국민들한테 이 사람 저 사람을 선택할 수 있는 실질적 기회를 주지 않는다." 이렇게 생각하면 혐오감이 치솟는 거죠. 그러니까 그런 교육 효과도 생각해서 접근할 수 있는 방법이 있으면 좋겠는데…….

박희나 북한이 말로는 민주주의를 한다고 하고, 정부 수립 때는 또 어느 정도 그랬는지는 몰라요. 그래도 지금 현실은 최악의 독재잖아요. 저들 말로 '북조선'이라고 하는데 사실 북한에서는 조선 왕조가 그대로 이어지고 있는 게 현실 같아요. 그런 현실을 부정하거나 호도하려 하면 교육적으로 옳지 않다고 생각해요.

김현희 저는 북한의 통치 이념이나 정치 체제를 사실 그대로 얘기하고, 지적할 부분은 확실하게 지적을 하는 게 좋다고 생각해요.

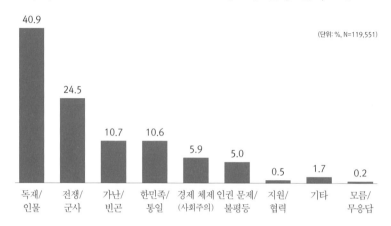

학생은 평소에 '북한' 하면 어떤 이미지(생각)가 가장 먼저 떠오릅니까?

독재·인물(김일성, 김정일, 김정은 등) 40.9% 〉 전쟁·군사 24.5%

(단위: %, N=119,551)

독재/인물	전쟁/군사	가난/빈곤	한민족/통일	경제 체제(사회주의)	인권 문제/불평등	지원/협력	기타	모름/무응답
40.9	24.5	10.7	10.6	5.9	5.0	0.5	1.7	0.2

북한에 대해 이미지로 '독재/인물(김일성, 김일성, 김정은 등)'이라는 응답이 40.9%로
가장 높게 나타났으며, 그 다음으로 '전쟁/군사'라는 응답이 24.5%, '가난/빈곤' 10.7%,
'한민족/통일' 10.6%, '경제 체제(사회주의)' 5.9%, '인권 문제/불평등' 5.0% 등의
순으로 높게 나타남. 통일교육원 〈2015년 학교통일교육 실태조사 결과보고서〉 9쪽.

예를 들어 사회과에서 우리나라 시장 경제 체제를 배우며 그 병폐
와 폐단에 대해서도 다루게 되잖아요. 그때 자연스럽게 북한의 경제
체제에 대해서도 설명을 하는 거죠. 그리고 북한은 이론적으로는 참
좋았지만 해 보니까 현실적으로 가능하지 않아서 지금은 방향을 전
환하고 있다는 정도만 얘기해도 남은 우월하고 북은 열등하다는 식
의 접근은 안 될 수 있을 거 같아요. 그런데 〈통일 교육 지침서〉에는
그런 접근 방법이 없어요. 결국은 "통일되어서도 남한의 것으로 가야
된다."라는 입장이 아주 강해서 그 지침을 따른다면 교사들도 그렇게

가르칠 수밖에 없을 것 같아요.

장세영 체제적인 부분은 "우리 정치 구조나 우리 경제 구조에도 사실 단점이 분명히 있어."라고 설명하면 좋기는 한데, 자칫하면 너무 위험해질 수 있는 부분이 있어서 조심스러워요.

이경아 저도 많이 조심스러워요. 통일 교육한다고 하면 한쪽에서는 극우라고 보고, 다른 쪽에서는 종북으로 보는 경우가 있잖아요. 그래서 교과서에서 나오지 않는 이야기는 애들한테 쉽사리 할 수 없죠.

박희나 저는 통일교육원 소속 강사로서 학교에 방문해 통일 교육을 하잖아요. 학교에 가면 먼저 교장실부터 가게 되죠. 그런데 어떤 교장 선생님은 차를 대접해 주면서 "오늘 무슨 내용을 가르칠 거냐?"라고 물으세요. 거기까지는 그래도 좋은데, "대통령은 누구 뽑았냐? 이번 정권에 대해서 어떻게 생각하느냐?"라고 하는 거예요. 제가 알려드린 교육 내용에 대해 코멘트도 하고……. "통일 편익? 기차 타고 유럽 가는 거? 우리 때도 있던 얘기다. 헛소리다"라고 하며 그런 내용은 강연에서 빼라고 강요하세요. 결국 통일에 대해서 회의적인 것인데, 그런 개인적 태도를 교육 내용에 강제하는 거죠. 다른 교장 선생님들도 내가 무슨 얘기를 하는지 들어 보려고 교실에 들어와 있는 경우도 있고, 일일이 코멘트를 해 주지는 않더라도 "이러이러한 선까지 얘기하면 좋겠다." 이런 분도 많아요. 안보 교육의 반대 차원에서 통일 교육을 이해하는 교장 선생님들도 많이 만났어요. 그분들은 북한 하면 안보가 첫째인데 왜 통일을 거론하느냐, 하며 못마땅해 하죠.

이경아 "이 사람이 너무 진보적이구나. 종북 쪽이 아닌가?" 이렇게 생각했을 수도 있겠네요.

박희나 네, 사실 제 교육 내용에는 그렇게 볼 구석은 없는데 말이죠.

황규진 우리 사회에서는 '반공은 곧 민족주의.'라는 말처럼 '반공은 곧 민주주의.'라는 식의 잘못된 명제가 상식인양 통해요. 반공은 곧 자유민주주의를 수호하자는 것이고, 북한에 대해 아주 조금이라도 관대하게 말하면 '빨갱이'일 뿐 아니라 '반민주적'인 거죠. 방금 말씀하신 교장 선생님의 행동은 결코 민주적이라고 할 수 없는데 말예요. 인터넷 등에서도 우리나라의 민주주의에 대해 뭐라고 말하면 '북한부터 먼저 비판하고 그따위 얘기해라.'라는 말이 으레 튀어나오죠. 그만큼 우리는 경직된 민주주의, 속이 좁아 터진 민주주의를 하고 있어요. 민주주의라면 유연함과 관용이 있어야 하는데요. 그게 모두 북한 때문이라기보다, 분단 때문이죠. 아까도 말씀드렸지만 우리가 제대로 된 민주주의를 하려면 분단을 해소해야 해요.

양미정 이제는 진보 진영에서조차도 북한 이야기, 통일 이야기는 되도록 안 하려고 하죠. 우리 사회는 아직도 '레드 콤플렉스'에서 벗어나지 못한 것 같아요.

할규진 제가 재직 중인 학교에서 대학생들이 자발적으로 만든 통일 연구회가 있는데 지금은 사실상 통일 쪽 활동을 안 한대요. 그래서 "왜 그러냐?"라고 물으니까, 학부모님들께서 거의 진저리를 치셨다고 하더라고요. 통일 동아리를 한다니까 말이죠. 거기서 무슨 주체사상 학습 같은 건 전혀 안 하고, 탈북자 센터 가서 봉사 활동하고, 탈북자를 초청해서 강연 듣는 정도인데……. 탈북자 강연이란 게 들어 보면 하나부터 열까지 북한 비난하는 경우가 많잖아요. 그런 건데 어쨌든 통일이 들어가면 "뭐라!" 하시며 당장 그만두라고 성화라는 거예요. 그래서 활동을 중단했다고 하더라고요.

이경아 우리 부모님도 제가 통일 교육을 전공하고, 제 주변에 전교조 선생님도 있다, 이렇게 말씀드리면 당장 '빨갱이'라는 말씀부터 하세요. 교육 대학교라서 다행이지, 어디 다른 곳에서 배운다고 했으면 제게도 당장 그만둬라 말씀하셨을 수도 있어요. 박희나 선생님도 통일 교육원 소속이라서 명함이라도 내밀었지 어디 다른 단체였으면 강연 자체가 가능했을지……. 하기는 교장 선생님도 걱정하는 게 이해가 되고……. 학교에서 일어나는 모든 교육은 교장 선생님 책임이니까요. 교장 선생님 본인은 포용적이어도, 학생들이 강연 듣고 집에 가서 이야기하면 학부모들이 반발할 수도 있잖아요? 우리 자식에게 의식화 교육 시킨다고.

양미정 의식화까지 말씀하는 학부모님은 별로 없지만, 아무튼 통일 교육한다고 하면 마땅치 않아 하는 경우가 많죠.

할규진 저도 어느 출판사에서 현대사 책을 냈었는데, 제 나름대로는 균형 잡고 썼다고 생각했는데도 성난 독자분께 항의를 받은 적이 있어요. '어떻게 그렇게 빨갱이 같은 내용을 아이들 보라고 책을 쓸 수 있느냐!'고요. 사실 정반대 되는 비판도 진보 성향의 독자분께 받았습니다⋯⋯. 하하.

김현희 이 대담 하는 것도 은근히 걱정된다니까요? 지금이라도 익명으로 안 될까요?

모 두 (웃음)

'덕은 외롭지 않다'

양미정 그래서 아까부터 계속 드는 생각이 "통일 교육에서 객관적 입장이 과연 가능한가?"입니다. 나름대로 객관적 입장을 취하다 보면 '종북'이 돼 버리는 거죠. 이런 부분 때문에 통일 교육이 어려운 거 같아요.

저는 북한을 다양성이라는 측면에서 바라봤으면 좋겠어요. 얘기를 들어 보면 북한 이탈 주민들이 남한에 왔을 때 가장 힘든 요인이 언어라고 하더라고요. 남한 사람들이 북한 억양이나 북한말을 사용하면 무척 이상하게 본다는 거죠. 그러다 보니 하나원에서 나오기 전에 북한식 억양을 없애고 서울말을 배우기 위해 노력한다고 합니다. 오랜 분단으로 인한 문제점으로 언어 이질화를 많이 이야기하는데 저는 이 문제를 언어의 다양성으로 받아들이면 좀 더 편안해지지 않을까 라는 생각을 했어요. 사실 언어 이질화는 한국 내에서도 방언으로 존재하거든요. 지난번에 우리 가족이 어느 섬에 놀러 갔었는데, 섬에 사는 어르신들께서 독특한 억양으로 사투리를 쓰다 보니 무슨 말씀인지 전혀 모르겠더라고요. 하지만 그렇다고 그분들의 언어문화를 이상하게 생각하지 않잖아요? 마찬가지로 북한말도 그냥 하나의 사투리로 받아들이면 거부감이 사라질 것 같아요. 오히려 동질성 차원에서 자꾸 똑같이 만들려고 하는 게 북한을 열등하게 만들고, 남한이 더 우월하니까 우리를 따라야 된다는 강제성을 보일 수 있다고 생각해요. 그러니까 북한을 좀 편안하게 봤으면 좋겠어요.

할규진 결국 다문화주의로 가야 한다 …….

양미정 단지 다문화만은 아니죠. 남북한만이 갖는 특수한 공통성이 있으니까요. 저는 가끔 북한의 언어 정책에 대해 아이들과 이야기를 나누어요. 요즘 아이들이 이해할 수 없는 단어들, 소위 '외계어'를 사용하잖아요? 그때 북한은 나름대로 우리말에 대한 존중심이 커서 대부분의 외래어나 외국어를 순수 우리말로 바꿔서 사용한다고 말해 줍니다. 그럼 도덕 시간에 북한말을 듣고 까르르 웃었던 자신들의 모습을 다소 부끄러워하더라고요. 이처럼 남한 우월 의식에서 벗어나 북한의 문화를 존중할 건 그대로 존중하고, 우리보다 잘하는 건 잘한다고 인정했으면 좋겠어요.

장세영 그런데 그게 오해를 일으키게 되면 '종북'으로 오해받을 소지도 있죠⋯⋯. 농담이 아니라 진짜, 〈법에 걸리지 않고 북한을 긍정적으로 말할 수 있는 내용 편람〉 같은 책이라도 만들어야 할 것 같아요.

이경아 그러니까 교과에 들어가야 된다고 한 거예요. 도덕 교과서를 보면 북한말, 남한말로 나눠놨어요. "달걀부침이 북한 말로 뭐고, 남한 말로 뭐냐?"

양미정 교과서에 들어가야 된다고 하는데 교과서에도 한계가 있어요.

이경아 국어 교과서의 방언 내용 중에 북한 말이 같이 들어가면 "아, 경상도나 전라도 방언처럼 북한말에는 이런 방언이 있구나."라고 다양성 차원에서 이해가 될 수 있어요. 그런데 이것을 남한 말, 북한 말로 나눠 놓으면 북한이 남한과는 완전 다른 별개의 존재가 되는 것 같아요.

김현희 교과서에 실을 때 남북한 어느 쪽이 우수하다고 하는 것이 아니라 "우리는 이렇고, 북한은 이렇다."라는 식의 접근이 필요할 것 같아요.

장세영 맞아요. 방금 얘기 나온 것처럼 국어 교과서에 북한 방언이 들어가고, 수학에서 인구 숫자로 그래프 그리기 수업할 때 원산이나 평양이 들어가는 식으로 학생들이 자연스럽게 북한을 가깝게 느낄 수 있는 사소한 것들이 전 교과에 조금씩 들어가는 게 좋을 것 같아요. 지금 교육 과정에 반영하기에도 현실성이 높고요.

함규진 제 생각은 "다른 대안을 생각해 보자. 열등하고 우등한 걸 떠나서 생각하자. 체제 문제는 피하는 게 좀 더 현명할지도 모르겠지만, 적어도 우리가 인식은 하고 있자."라는 겁니다. 그 얘기를 못하더라도 학생들한테 교육 효과가 있으니까요. 반작용이라든가 부작용이라든가 오해라든가 생각하면 그런 말을 꺼내느니만 못하는 결과가 나올 수 있으니까, 그런 거는 피한다 하더라도 그런 인식은 갖고 있어야 될 것 같습니다.

양미정 제 경험으로 봤을 때 초등학생들의 북한 이해는, 그리고 오해는 결국 가정에서부터 시작되더라고요. 학생들의 생각이 부모의 모습을 그대로 투영하고 있기 때문이죠. 그래서 통일 교육이 제대로 이뤄지기 위해서는 사실 학생들에게만 실시할 것이 아니라 국민 전체를 대상으로 일관성 있게 이뤄지는 것이 중요하다고 생각해요.

함규진 '레드 콤플렉스'를 어떻게든 해소해야 해요. 그래야지 민주주의도 살고 통일도 좀 가능성이 생깁니다. 6·25 전쟁의 트라우마가 아무리 강하다고 하지만 냉전이 끝난 지가 몇십 년인데 아직도 이러고 있어요.

양미정 어떻게 해소하죠?

함규진 결국은 밑바닥에서 조금씩 달라져야 된다고 생각해요.

양미정 밑바닥에서 달라지는 건 많이 힘든 것 같아요. 어찌 보면 위에서 아래로 가는 것이 효과적이지 않을까요?

함규진 우리가 여태까지 위에서 해서 제대로 성공한 예가 별로 없어요. 항상 부작용이 있었죠.

장세영 어떻게 보면 학교 교육이나 교과서 내용이 조금씩 바뀌면 될 것 같아요. 미약한 거 같지만 교육의 힘이 사실 굉장히 무섭잖아요.

함규진 일단 교과서보다는 〈통일 교육 지침서〉 같은 것을 제대로 고치는 쪽으로 가는 게 좋다고 봅니다. 그것은 교과서적인 레벨이 아니니까 어떻게 보면 뜻이 있는 학자나 연구자들, 교사들이 모이면 바꿀 수 있거든요. 어느 정도는 위에서 바꾸는 것이 되겠죠. 그 다음에 교과서나 지침서를 활용해서 교육 현장에서 다른 생각과 다른 목소리를 낼 수 있도록 하는 거죠.

김현희 그건 저희들이 교사로서 노력해야 할 수 있는 분야 같아요. 대부분의 교사들은 〈통일 교육 지침서〉라는 게 있는지도 몰라요. 창피하지만 저도 사실 대학원에 들어와서 처음 알았어요.

함규진 어려운 길을 가는 겁니다. 심지어 저희 동료 교수님도 통일 교육 때문에 모인다고 말씀드리자 "요즘 그거 누가 해? 누가 그런데 관심 있대?" 그러더라고요. 관심 있는 사람이야 있죠. 색안경 끼고 보는 분들……. 그래도 여기 모인 분들은 뭔가 할 수 있을 것 같고, 우리 제자들한테, 미래 세대한테 뭔가 보탬이 될 수 있을 것 같다, 그래서 여기 온 것 아니겠어요? 너무 무모하게, 너무 겁 없이 해도 안 되겠지만 그래도 본인이 지혜를 잘 발휘해서 하면 되겠죠.

『논어』에 이런 말이 있어요. "덕은 외롭지 않다. 짝이 있기 마련이다." 우리와 같은 고민을 가진 사람이 어딘가는 또 있을 거고, 그러다 보면 물방울끼리 만나서 큰물이 되는 것처럼 흐름을 바꿀 수도 있지 않을까요?

장세영 그래요. 그래서 우리가 이런 모임도 가진 거잖아요. 이런 저런 문제가 있으니까 함께 생각하고 고민해 보자고. 우리가 뭐 통일이나 통일 교육에 대해 다른 사람들에게 널리 알려 줄 만큼 많이 알고, 많은 대안을 가지고 있어서가 아닌 거죠.

김현희 맞아요. 그래서 창피도 하고 걱정도 되지만 과감히 실명을 깠잖아요.

모 두 (웃음).

맺음말

통일 대담, 마지막 한마디

함규진 이제 우리 이야기를 마무리하기 전에, 각자 이 말씀만은 꼭 남기고 싶다거나, 앞의 내용에 나왔지만 그래도 다시 한 번 강조하고 싶다거나 하는 것들을 하나씩 이야기 하고 마치면 어떨까 합니다.

장세영 통일 의식이 민주 시민 의식과 연관이 되어서 우리 사회의 담론으로 이끌어 내면 좋을 것 같아요. 하지만 아직 우리 사회의 민주주의에 대한 초점이 개인의 자유와 이익에만 너무 국한되어 있다는 생각이 들어요. 〈통일 교육 지침서〉에 통일이 되면 개인의 편익이 좋아진다고 설명을 하라고 나오죠. 이게 우리나라 사람들이 지금 공동체나 사회 입장보다 개인의 이익을 더 생각한다는 것을 드러내는 것 같아요. 그게 현실이기는 하겠지만, 서글픈 현실이잖아요. 그러니까 사회가 너무나 피폐해져 가고 있는 흐름을 빨리 끊고, 민주 시민 의식을 다시 끌어 올려야 될 시점이 아닌가 생각해요. 그래서 우리 사회의 전체적인 의식이 향상이 될 수 있을 때 통일 의식도 같이 얘기를 할 수 있는 부분인 것 같아요

서울 남산한옥마을에서. 왼쪽부터 박희나, 이경아, 양미정, 김현희, 함규진, 장세영.

우리 사회와 공동체의 입장을 조금 더 생각하는 마음과 우리가 주체적으로 통일을 해야 된다는 마음으로 바라봤으면 좋겠습니다. 그리고 교육 현장에서 정치적인 입김과 관계없이, 북한 이해 교육이라든지 통일 교육이 좀 더 확장되었으면 좋겠습니다.

박희나 제가 대학원에서 쓴 논문은 진로 교육을 활용한 초등 통일 교육 방안 연구예요. 청소년 커리어 코치로 서울시내 초등학교와 여자중학교에서 진로 상담 교사를 했던 내용을 기반으로 해서 통일 교육 내용을 짠 겁니다. 저는 아이들이 "통일이 나와 연관이 있다."라고 생각하게 하기 위해서 사회학적 상상력[18]이라는 개념으로 논문을 쓰고 싶었는데, 한계가 있더라고요. 그래서 어떻게 하면 아이들이 통일을 국가 차원의 문제가 아니라 나의 삶에 영향을 주는 문제라고 생각하도록 할 수 있을까를 고민을 하다가 진로 교육과 접목을 시키게 됐어요.

그 교육 방안 중 하나가 아이들이 자기의 인생 설계를 직접 해 보게 하는 거예요. 20대부터 80대까지 인생 설계를 하면서 하고 싶은 공부, 직업, 결혼 등 여러 가지 영역에 대해 계획을 해 보는 거죠. 그 다음에 10년 뒤에 통일이 되면 어떻게 인생 설계를 다시 할 것인가라는 문제를 제시하는 거죠. 아이들이 자신이 분단 상황에 놓여 있고, 자신의 인생에 통일이 찾아올 수 있다는 생각을 하게 한 거죠. 논문을 다쓴 지금은 모든 학생들이 어느 한 명도 빠지지 않고 "나의 진로에, 인생에는 통일이 연관되어 있다."라는 것을 알았으면 좋겠고, 제 자신도 "통일은 반드시 온다."라는 생각이 굳어져 있어요. "정확히 언제? 어떻게?"라고 물으시면 곤란하지만요.

그리고 통일 교육에 대해서 꼭 하고 싶은 말은, "사람은, 그리고 특히 학생들은 합리적이지 않다."라는 것이에요. 그렇기 때문에 통일 교육이 편익 문제가 아닌 가치 교육이 되면 좋겠다고 생각합니다.

이경아 저는 북한에 대한 존중과 이해가 굉장히 중요하다고 생각해

---

18 미국 사회학자 라이트 밀즈가 제시한 개념으로, 생활 세계에서 개인의 범위를 넘어서 공공의 문제를 인식할 수 없는 개인이 상상력을 발휘해 공공 문제를 숙려하고, 정치-사회적으로 참여적인 공민으로 거듭나게 하는 힘이다.

요. 지금 북한을 주적으로 보는 사람이든, 포용해야 될 대상으로 보는 사람이든, 한 민족으로 보는 사람이든 더 열린 자세로 사심 없이 북한을 바라보자는 말이죠. 앞서 반편견 통일 교육에 대해 얘기했었는데, 존중 없이는 통일이 시작될 수 없다고 생각합니다. 북한 이탈 주민이 됐든, 현재 북한에서 정치를 하고 있는 사람이든, 아니면 북한에 끌려가 세뇌를 당하고 있는 사람이든, 우리가 편견 없이 그 사람들을 알려고 노력하고 존중하는 것이 통일에서 중요하지 않을까 그렇게 생각해요.

할규진 저는 우리나라가 19세기부터 약 200년 동안 단 한 번도 주체적인 역사를 이끌어 오지 못했다고 생각합니다. 국가만이 아니라 개인들도 마찬가지고요. 유일하게 생각할 수 있는 게 어느 정도 경제 발전에 성공한 것, 굉장히 불완전한 민주주의기는 합니다만 민주화를 한 것 정도지요. 그래서 이제는 우리 역사가 우리 의지와 우리의 힘과 노력에 의해 돌아가는 것을 보고 싶습니다. 우리 한국 역사는 뭔가 해야 된다는 걸 아는데, 이게 좋은 거라는 걸 아는데, 못하고, 못하고, 못해 왔어요. 적어도 통일과 관련된 것만큼은 "계속 못하다 마지막에 잘 되었더라." 이렇게 끝났으면 좋겠습니다.

그것이 말하자면 회복이고 화해가 될 수도 있을 것 같아요. 우리 역사와의 화해이고, 북한과의 화해이고, 남한 내에서도 서로 믿지 못하는 사람들과의 화해이며, 이렇게 말하면 이상한 것 같지만 이미 죽은 과거의 유령들, 즉 김일성, 이승만, 박정희와의 화해이기도 하다고 생각합니다. 통일을 우리가 생각하는 대로 만들어 낼 수 있다면 그 사람들에 대해서 더 이상 우리가 비난하지 않을 수 있고, 그 사람들 때문에 정치적으로 갈리거나 서로 입장이 나뉘지 않을 수도 있다고 생각합니다. 그렇게 해서 역사에 대해서, 우리 사회에 대해서 자긍심과 자부심을 느끼면서 각자의 자유를 아무 거리낌 없이 추구할 수 있다고 생각합니다.

지금 우리 사회는 불완전한 민주화와 불균등한 경제 발전 등으로 생긴 여러 가지 문제점으로 인해 '헬조선'이라는 말이 유행하고 있어요. 이것을 극복하려면 단지 대통령을 누굴 뽑느냐를 넘어 그 이상의 대대적인 변혁이 필요하다고 생각합니다. 그런데 혁명이나 전쟁을 꿈꿀 것이 아니라면, 결국 통일이 답이 아니겠는가 하는 것이 제 생각입니다. 북한만 변화시키는 것이 아니라, 대한민국을 발전적으로 해체해서 새롭게 만들어서 더 좋은 나라가 되는 것이 통일 과정인 거죠. 우리가 이때까지 해온 민주주의와 경제 발전을, 역사 발전을 이루는 마지막 고빗길이 바로 통일이 아닌가 생각하기 때문에, 이 시대를 살아가는 사람으로서 그 과제를 고민할 책임이 우리한테 있다고 봅니다.

우리가 이 자리에서 '사람들이 통일에 대해서 관심이 없다.'라고 입 아프게 이야기했습니다. 그러나 적어도 '그게 바람직하겠지.' 정도로는 대부분 생각하지 않을까요. 거기에 희망을 걸어야 할 겁니다. 그러면 언젠가는 작은 물방울이 모여서 도도한 강물이 될 날도 있겠지요.

양미정 저는 지금의 통일 교육이 통일 교육답다고 생각하지 않아요.

통일 교육이 아닌 반공 교육 내지는 분단 교육이 계속 이루어지고 있다고 생각되거든요. 그 대표적인 예로 통일교육원에서 통일 교육 유관 기관들과 연계하여 실시하라고 하는 교육 내용을 살펴보면 여전히 북한은 경계의 대상으로 안보를 철저히 해야 함을 강조하고 있다는 거죠. 그래서 저는 제대로 된 통일 교육이 이루어지려면 북한을 편견 없이 있는 그대로 바라볼 수 있는 시각이 먼저 필요하다고 봅니다. 그러기 위해서는 먼저 분단의 배경과 과정이 학생들에게 제대로 전달되어야 되겠지요. 그리고 무엇보다 사람들로부터 외면당하고 있는 통일 문제를 생활 속에 녹아들게 함으로써 자연스럽게 통일에 대한 문제의식을 느낄 수 있도록 정부와 학교가 노력해야 한다고 봅니다. 사회 통일 교육과의 협력도 더 잘 이루어져야 하고요.

김현희 제 이름이 김현희잖아요. 초등학교 때 정말 많이 들었던 말이 "왜 비행기를 폭파시켰냐?"라는 거였어요. 저를 자꾸 '마유미'라고 하고, 비행기를 폭파시켰다고 하고, 북한에서 왔냐는 얘기를 들으면서 대체 어떤 '김현희'가 있길래 그러냐고 부모님께 여쭤 보게 되었고, 우습지만 그때부터 북한에 관심을 갖게 되었죠. 또 할아버지의 고향이 북한이었기 때문에도 그랬고요. 그런 저의 삶의 경험 때문이었는지 대학원 진로를 통일 교육으로 잡게 된 것인데, 아주 유별난 경우라 하겠습니다만 우리 아이들에게도 어쨌든 북한과 통일에 대해 관심이 생기는 기회가 있으면 좋을 것 같아요.

그러려면 통일 교육의 질이 굉장히 중요하지만, 제대로 된 교육의 양도 확보가 되지 않은 상황에서 질을 따질 수 없을 거예요. 제가 발제했던 것처럼 통일 교육의 효과적인 방법으로 북한 이해 교육의 양을 확보하고, 지금 통일 교육이 통일의 당위성만 강조하는 것이 아닌 모든 교과에 북한을 이해할 수 있는 객관적인 이해 요소를 첨가했으면 해요. 우리 아이들로 하여금 북한을 자연스레 의식하게 하고 "우리가 언젠가는 하나가 되어야 할 나라."라는 생각을 하게 하는 것이 통일 후 적지 않은 도움이 될 수 있을 거예요. 그렇게 잘 되겠죠? 잘 될 거라고 믿어요.

통일 교육 어떻게 할까?

제1판 제1쇄 발행일 2016년 12월 25일
제1판 제2쇄 발행일 2018년 10월 25일

지은이 —— 김현희·박희나·양미정·이경아·장세영·함규진
기 획 —— 책도둑(박정훈, 박정식, 김민호)
디자인 —— 장원석
펴낸이 —— 김은지
펴낸곳 —— 철수와영희
등록번호 —— 제319-2005-42호
주 소 —— 서울시 마포구 월드컵로 65, 302호(망원동, 양경회관)
전 화 —— (02)332-0815
팩 스 —— (02)6091-0815
전자우편 —— chulsu815@hanmail.net

ⓒ 김현희·박희나·양미정·이경아·장세영·함규진, 2016

ISBN 978-89-93463-95-8 03370

철수와영희 출판사는 '어린이' 철수와 영희, '어른' 철수와 영희에게
도움 되는 책을 펴내기 위해 노력하고 있습니다.